5

LENGUA CASTELLANA Y LITERATURA

TERCER TRIMESTRE

AUTORES
Óscar José Martín
Claudia Araya Olarzarán
Manuel García Haczek
Fernando Castillo Rodríguez

COLABORA LA ASOCIACIÓN
GAMIFICA TU AULA
M.ª Jesús Asturiano Albenca
Javier Barba Calatrava
Salvador Carrión del Val
Clara Cordero Balcázar
Juan Fernández Galera

El 0,7% de la venta de este libro se destina a proyectos de desarrollo de la ONGD SED (www.sed-ongd.org).

		 Saber hacer	 Saber ser
	Unidad	**Comunicación oral**	**Lectura y comprensión lectora**
PRIMER TRIMESTRE	Escáner del Olvido PÁGS. 8-11	Los textos	
	La hora de todos PÁGS. 12-13	Una carta a mi yo del futuro	
	1 En la punta de la lengua PÁGS. 14-31	Presentarse	El leñador que pedía perdón a los árboles
	2 La hora del bocadillo PÁGS. 32-49	Describir lugares y escenas	Las voces de Estambul Las lenguas en peligro de extinción
	3 Toma y daca PÁGS. 50-67	Pedir y dar información	Matilda y los libros
	4 Pinta con palabras PÁGS. 68-85	Describir un objeto	*Sáhara* se escribe con hache Vacaciones en paz
	Trimestrales PÁGS. 86-95	Entrenamiento de equipo	
SEGUNDO TRIMESTRE	La hora de todos PÁGS. 96-97	Nuestro eslogan contra el bullying	
	5 Micrófono en mano PÁGS. 98-115	Entrevistar en radio y televisión	Las estrellas de Bagdad La trompetista
	6 ¿Qué te cuentas? PÁGS. 116-133	Contar una noticia	Palomas mensajeras
	7 Se te da de fábula PÁGS. 134-151	Dar instrucciones	Los tesoros de un chico diferente
	8 Emoción-arte PÁGS. 152-169	Recitar un poema	Mundo equino Gioconda, la yegua negra
	Trimestrales PÁGS. 170-175	Entrenamiento de equipo	
TERCER TRIMESTRE	La hora de todos PÁGS. 176-177	Debates para mejorar el mundo	
	9 Historias especiales PÁGS. 178-197	Contar una experiencia personal	Sueños de mago ¿Dónde está el truco?
	10 Querido diario PÁGS. 198-215	Realizar una exposición oral	Renata escribe un diario
	11 La historia de tu vida PÁGS. 216-233	Expresar deseos, gustos y sentimientos	El mundo de David
	12 Lluvia de ideas PÁGS. 234-251	Defender ideas en un debate	Quien duerme, no pesca
	Trimestrales PÁGS. 252-267	Entrenamiento de equipo	

	Saber			Saber hacer	
Gramática	Vocabulario	Ortografía	Literatura	Expresión escrita	Evaluación
Las palabras			La literatura		
La comunicación. El lenguaje y las lenguas	Los sinónimos y los antónimos	La sílaba tónica y la átona. El guion	Los textos literarios y los no literarios. Los textos en verso y los textos en prosa	Las normas. Escribir las normas claramente	¡Inolvidable!
El texto, el párrafo y el enunciado. La frase y la oración	Las palabras monosémicas y las polisémicas	Las reglas generales de acentuación	La lírica I. La rima	El cómic. Resaltar la expresión de los personajes	¡Inolvidable!
El sujeto y el predicado. Los elementos del sujeto	Las palabras homónimas	La tilde en las palabras con diptongo y triptongo	La lírica II. La métrica	La encuesta. Presentar los resultados	¡Inolvidable!
El nombre. Clases, género y número	Las palabras primitivas y derivadas. La familia de palabras	La tilde en las palabras con hiato	Los recursos literarios I. La comparación, la metáfora y la personificación	La carta y el correo electrónico. Utilizar un lenguaje claro	¡Inolvidable!
¡A prueba!		Lenguas y dialectos		La discriminación	
El adjetivo calificativo	Los gentilicios	Las palabras con *ll* y con *y*	Los recursos literarios II. El lenguaje figurado, el juego de palabras, la hipérbole	El anuncio publicitario. Describir las características de un producto	¡Inolvidable!
Los determinantes I. Los artículos y los demostrativos	Las palabras simples y las compuestas	Las palabras con *h*	La narrativa I. El cuento popular	La entrevista. Conseguir equilibro y proporción	¡Inolvidable!
Los determinantes II. Los posesivos, los umerales, los indefinidos	Las abreviaturas y las siglas	Las palabras terminadas en *-d* y *-z*. Las palabras con *-c-* y *-cc-*	La narrativa II. La fábula	La noticia. Llamar la atención	¡Inolvidable!
Los pronombres	La formación de los nombres	Las palabras con *b* y con *v*	La narrativa III. La leyenda	El texto expositivo. Relacionar las ideas	¡Inolvidable!
¡A prueba!					
El verbo I. Las formas verbales. La raíz y las esinencias. La persona, el mero, el tiempo y el modo	La formación de los adjetivos	Las palabras con *g* y con *j*. Las palabras con *x* y con *s*	La narrativa IV. La novela	La reseña. Sintetizar el resumen	¡Inolvidable!
verbo II. La conjugación. Los verbos regulares e irregulares. La oración ctiva y la oración pasiva	La formación de los verbos	Los signos de puntuación I. El punto, la coma y los signos de interrogación y exclamación	Los escritos personales I. El diario	La explicación de un proceso. Usar conectores	¡Inolvidable!
El adverbio	El campo semántico	Los signos de puntuación II. Los dos puntos, los puntos suspensivos y el punto y coma	Los escritos personales II. La biografía y la autobiografía	El reportaje. Usar un lenguaje preciso	¡Inolvidable!
Las preposiciones, las conjunciones y las interjecciones	Las frases hechas y los refranes	Los signos de puntuación III. Las comillas, la raya y los paréntesis	El teatro	El texto argumentativo. Relacionar los argumentos	¡Inolvidable!
¡A prueba!			Verbos		

LA HORA DE TODOS

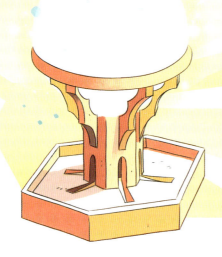

Gracias a vuestro gran trabajo en equipo habéis llegado al último reto de este curso. Para conseguir la misión y recolonizar la Tierra hay que aprender a debatir y tomar decisiones.

Permaneced atentos a las instrucciones y a los pasos que se os indiquen para superarlo.

Debates para mejorar el mundo

¿Qué es un debate?

¿Cómo podéis expresar deseos, gustos o sentimientos?

Se está formando un comité para mejorar el planeta. Como los jóvenes son el futuro, os piden vuestra opinión sobre algunos temas de actualidad en un texto expositivo. ¡El mundo puede cambiar con la fuerza de la palabra!

¿Qué temas de debate deberían incluirse en un comité que tenga como objetivo mejorar el planeta?

¿Cómo se utilizan las conjunciones en un debate?

TERCER TRIMESTRE 177

Para investigar

Podéis encontrar información útil para este reto:

- En la unidad 11, págs. 216, 217.
- En la unidad 12, págs. 234, 235, 246, 247.

- Debatiendo en familia.
- Buscando en Internet debates de alumnos de Primaria y reglas para hacer un debate.

Para presentar

Podéis elaborar alguno de estos productos para presentar el resultado de vuestro trabajo:

- Una carta de los lectores, que publicaréis en el periódico escolar y en la que escribiréis vuestra opinión dando argumentos.
- Un debate oral con los compañeros respetando las normas del debate y un análisis oral del proceso.
- Una mural que presente vuestros argumentos y que convenzan.

9 HISTORIAS ESPECIALES

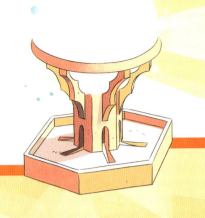

¿Dónde está la acción en las oraciones? ¿De qué manera expresarías la acción de esta fotografía?

Vuestra misión se está convirtiendo en una historia especial y espacial. ¡Adelante!

¿Cómo elegirías un libro y no otro?

¿Crees que es importante hacer sentir a una persona lo especial que es? ¿Por qué?

CONTAR UNA EXPERIENCIA PERSONAL

1. Observa y analiza las imágenes.
   - ¿Te parece importante lo que ha logrado el niño que patina? ¿Por qué?
   - ¿Crees que al niño de la segunda imagen le gusta lo que está haciendo?
   - ¿Qué están haciendo los niños en el banco?

2. ¿Sabes montar en bicicleta? ¿Recuerdas cuándo lo aprendiste? Relata esta experiencia.

3. ¿Cuál es la anécdota más extraña, divertida o interesante que te ha ocurrido nunca? Explícala delante de tus compañeros.

UNIDAD 9 | **181**

4 🔊 Escucha la experiencia personal que cuenta Antonio. Realiza las anotaciones que creas necesarias.

5 Responde a las siguientes preguntas.
- ¿A qué se refiere Antonio cuando habla de los misterios del universo?
- ¿Cuál era la recomendación de la madre de Antonio?
- ¿Qué deseo había pedido Antonio?
- ¿Se cumplió su deseo? ¿Por qué?

6 ¿En qué tiempo verbal cuenta Antonio su historia? ¿Se podría relatar la historia empezando por el momento en el que su padre lo despierta? ¿Por qué?

7 ¿Qué gestos crees que haría mientras relata su anécdota? ¿En qué cambia su voz cuando explica cómo se siente?

Para **relatar una experiencia personal,** tienes que contar algo que te haya sucedido. Además, puedes dar detalles de cómo te sentías.

Contar una experiencia personal
- Explicar algo que te haya sucedido de forma ordenada
- Contar dónde y cuándo te ocurrió, empleando los tiempos verbales adecuados
- Manifestar emoción con los gestos y explicar cómo te sentías, empleando expresiones como...
  - Me puse nervioso/a.
  - Estaba muy contento/a.
  - No me lo podía creer.

8 ¿Crees que es necesario compartir tus experiencias personales con los demás? Justifica tu respuesta.

9 ¿A quiénes sueles contar lo que te sucede? ¿Por qué?

10 ¿Piensas que la historia es más emocionante si empleas gestos al contarla?

11 Recuerda un suceso que le ocurra a un personaje de un libro o de una película que te haya gustado especialmente.
- Cuéntaselo a tu compañero como si te hubiera sucedido a ti. Luego, él te contará a ti el suceso que haya elegido.

Sueños de mago

- ¿Podrías decir de qué tipo son estos textos antes de leerlos?
- ¿Sabes qué es un prestidigitador? ¿Has visto a alguno actuar en directo?

El Gran Ernestini irrumpió en la pista sonriente, lanzando destellos, **ataviado** con su habitual traje de lentejuelas plateadas. Correspondió a la calurosa bienvenida del público con unas inclinaciones de cabeza y, a continuación, sin mediar palabra, empezó a realizar prodigios increíbles. [...]

El público, pasmado y boquiabierto, lanzaba tremendas exclamaciones: «¡Ooooooh! ¡Aaaaaah!», y aplaudía a rabiar cada uno de los números.

Por último, se hizo el silencio. El Gran Ernestini iba a realizar su truco más difícil y espectacular. La luz de dos potentes reflectores se centró sobre su figura. Los espectadores contuvieron la respiración. Redobló largamente el tambor.

Y entonces…

—¡A comer!

El Gran Ernestini dio un respingo.

«¡Oh, no!», pensó.

—¡Vamoooooos! —gritó la misma voz—. ¡Todo el mundo a la mesa!

Desapareció el Circo Universal. Se volatizaron el público y el gordísimo jefe de pista. Se esfumó el traje de lentejuelas plateadas. Y el Gran Ernestini volvió de golpe a la realidad para encontrarse convertido de nuevo, sencillamente, en Ernesto Garcigómez, catorce años recién cumplidos, castaño tirando a pelirrojo; [...] según él, el mejor prestidigitador de su instituto. [...]

—¡Ya voy, mamá! —gritó, mientras salía de su cuarto camino del comedor.

Fernando Lalana
El truco más difícil
Edelvives

Vocabulario

ataviado: vestido.

¿Dónde está el truco?

Abracadabra, cerebro
Los magos aprovechan los fallos de la mente humana para sus trucos

Luis Miguel ARIZA

Apollo Robbins es considerado uno de los carteristas más hábiles del mundo, capaz de birlarle a uno cualquier cosa con tal rapidez que es imposible cazarle con la vista. Pero no es un ladrón. Es uno de los magos más famosos de Estados Unidos. Uno de sus juegos de manos más sencillos: **trastear** con una moneda con los dedos de su mano izquierda y cogerla con la derecha. Abre esa mano y la moneda se ha desvanecido. Sabemos que es un truco, pero no conseguimos pillarlo. La española Susana Martínez-Conde, directora del Laboratorio de **Neurociencia** Integrada de la Universidad Estatal de Nueva York, se propuso averiguarlo. Colocó a siete personas en su laboratorio frente a una pantalla donde se proyectaba un vídeo en el que Robbins ejecutaba el truco y grabó sus movimientos oculares. «Robbins había observado que al quitarle algo a alguien su atención se desviaba de forma distinta dependiendo de si el movimiento de su mano era curvo o rectilíneo».

Los resultados mostraron, por ejemplo, que cuando Robbins sustraía la moneda y ejecutaba un movimiento recto en el aire con su mano derecha (que no tenía la moneda), las pupilas de los observadores fijaban su atención al principio y al final del movimiento, pero en medio de la trayectoria prácticamente «eran ciegos», dice esta investigadora. [...]

El trabajo de Martínez-Conde [...] inauguró un nuevo campo, la neuromagia, que investiga la manera en la que los magos profesionales se aprovechan de una facultad tan desconocida y habitual del cerebro humano: su capacidad para engañarnos continuamente.

El País, 11 de mayo del 2017

Vocabulario

trastear: mover, revolver.

neurociencia: ciencia que estudia el sistema nervioso humano.

Después de leer

LOCALIZO

1. Responde a las siguientes preguntas sobre las lecturas.
   - Aunque los dos textos tratan sobre la magia, solo en uno de ellos aparece un mago profesional. ¿En cuál? ¿Quién es el protagonista del otro texto?
   - ¿Cómo se llama el circo del primer texto?
   - ¿Qué objeto se emplea en el juego de magia al que se refiere el segundo texto? ¿En qué consiste el juego?
   - ¿En qué país trabaja la especialista en Neurociencia?

COMPRENDO

2. ¿Por qué se dice en el primer texto que el Gran Ernestini sale a la pista «lanzando destellos»?

3. ¿Dónde transcurre realmente la acción de lo que se cuenta en el primer texto? ¿Crees que su título es adecuado?

4. En las acciones que se describen en el segundo texto aparecen dos personas.
   - ¿Es alguna de ellas un carterista?
   - ¿A qué se dedica la persona que no es un mago?

5. ¿Cómo logró la investigadora del segundo texto descubrir el truco del mago Robbins? ¿En qué se basaba el truco? Explícalo con tus propias palabras en un texto de unas seis líneas.

6. Una vez que conoces el final de la historia del Gran Ernestini, reescribe el siguiente párrafo del texto contando lo que en realidad está pasando.

> El público, pasmado y boquiabierto, lanzaba tremendas exclamaciones: «¡Ooooooh! ¡Aaaaaah!», y aplaudía a rabiar cada uno de los números.

COMPRENDO

7 🗨 Al final del segundo texto se afirma que los magos se aprovechan de «una facultad tan desconocida y habitual del cerebro humano: su capacidad para engañarnos continuamente».

- ¿Qué crees que significa eso? Debatidlo en clase.

8 Los escritores a veces actúan como los magos y, mediante sus recursos literarios, nos hacen ver cosas que no son lo que parecen. Es lo que ocurre en el primer texto, cuyo comienzo nos esconde la auténtica personalidad del Gran Ernestini.

- Vuelve a leer el texto completo e indica cuál es el momento exacto en el que comienza a desvelarse la verdadera identidad del protagonista.

- En el segundo texto se hace algo similar. ¿Cuándo se sabe quién es exactamente Robbins?

RELACIONO

9 💚 La magia, como hemos visto, se basa en el engaño.

- ¿Se puede decir que un mago es un mentiroso?

- ¿Consideras importante en tu vida ser sincero y que los demás lo sean contigo? ¿Por qué?

10 💚 Ernesto se siente especial mientras imagina que es el Gran Ernestini y todo el mundo le aplaude en la pista. ¿Crees que se siente igual en la realidad? ¿Por qué?

- A todos nos gusta sentirnos especiales y valiosos. No hay que dejar pasar la oportunidad de expresar el afecto por los demás y hacerlos sentir especiales, tal y como nos gustaría que hicieran con nosotros. Haz una lista con los nombres de tus compañeros de clase y escribe, al menos, un aspecto positivo de cada uno. Después, poned en común las listas en clase.

El verbo I

Los **verbos** son las palabras que expresan la acción o el estado de personas, animales, plantas o cosas. En la siguiente oración, la palabra *riega* es un verbo.

$$\underbrace{\text{La jardinera}}_{S} \; \underbrace{\overbrace{\text{riega}}^{N} \text{ las flores.}}_{P}$$

Las formas verbales

Un verbo presenta distintas **formas verbales:** *cantó, cantábamos, cantar.*

La forma utilizada para nombrar un verbo es su **infinitivo.** El infinitivo de un verbo puede terminar en *-ar (bailar), -er (coser)* o *-ir (partir).*

Una forma verbal puede ser simple o compuesta y personal o no personal.

- Las **formas verbales simples** consisten en una sola palabra. Por ejemplo: *saliste.*

- Las **formas verbales compuestas** están formadas por dos palabras, una de las cuales es una forma del verbo *haber.* Por ejemplo: *has salido.*

- Las **formas verbales personales** dan información sobre la persona, el número, el tiempo y el modo. Por ejemplo: *nosotros salimos, ellos saldrán.*

- Las **formas verbales no personales** no expresan ni la persona ni el número. En cada verbo, estas formas son tres: **infinitivo** *(pensar),* **participio** *(pensado)* y **gerundio** *(pensando).*

La raíz y las desinencias

Una forma verbal personal se compone de un lexema o raíz y de una o varias desinencias:

- El **lexema** o **raíz** es la parte que tienen en común todas las formas de un verbo. Por ejemplo: *imprim-o, imprim-ís, imprim-e.* El lexema se obtiene al separar el infinitivo de su terminación *(-ar, -er, -ir).*

- Las **desinencias** son las terminaciones que van después del lexema. Por ejemplo: *aplaud-ías, aplaud-íamos, aplaud-en.* Las desinencias informan de la persona, el número, el tiempo y el modo de la forma verbal.

UNIDAD 9

1 Copia estas oraciones y rodea sus formas verbales.
- El puma (ruge) siempre ante el peligro.
- ¿(Guardasteis) vosotros la ropa en el vestidor?
- Varios padres (charlaban) animadamente a la puerta del colegio.

2 Observa las ilustraciones y escribe tres verbos en infinitivo.

curar, construir, correr

3 Añade a cada una de estas series tres formas más del mismo verbo.
- felicitamos, han felicitado, felicitará …..
- estornudar, estornudé, estornudabais …..
- bebiera, bebieron, bebes …..

4 Clasifica estas formas verbales en simples y compuestas.

hemos regalado	asistiréis
terminó	habría esculpido
hayan controlado	planchas

5 Completa en tu cuaderno esta tabla con las formas no personales que faltan de los verbos.

Infinitivo	Participio	Gerundio
desfilar	desfilado	desfilando
proteger	protegido	protegido
encender	encendido	encendiendo

6 Copia las siguientes formas verbales personales y rodea su lexema o raíz.

(habl)aremos   (habl)ó   (habl)aras
(habl)aban   (habl)o   (habl)aríais

7 Completa en tu cuaderno las formas verbales personales de estas oraciones con las desinencias que faltan. Después, intercambia el cuaderno con tu compañero y corrige sus oraciones.
- Javier estudi….. japonés por las tardes.
- Mis tíos celebr….. mañana su aniversario de boda.
- Ayer, mi hermana y yo com….. crema de espinacas.

8 Dialoga con tu compañero sobre qué parte de un verbo le aporta su significado: el lexema o la desinencia.

9 Copia este texto sustituyendo los infinitivos destacados por las formas personales adecuadas. A continuación, diferencia, en cada forma, el lexema de las desinencias.

El telescopio **permitir** observar objetos a gran distancia, como las estrellas y los planetas. El célebre astrónomo Galileo Galilei construyó uno de los primeros telescopios. Con él, **descubrir** en 1610 cuatro de los satélites de Júpiter. ¿Te **gustar** a ti encontrar un nuevo planeta o estrella?

La persona, el número, el tiempo y el modo

Las formas verbales personales expresan una **persona**, un **número**, un **tiempo** y un **modo** determinados.

La **persona** de una forma verbal puede ser la 1.ª, la 2.ª o la 3.ª.

1.ª persona	2.ª persona	3.ª persona
La forma se refiere a quien habla: *yo comí.*	La forma se refiere a quien escucha: *vosotros comisteis.*	La forma no se refiere ni al hablante ni al oyente: *él comió.*

El **número** de una forma verbal es singular o plural.

Singular	Plural
La forma expresa un solo ser u objeto: *tú bailas.*	La forma expresa varios seres u objetos: *vosotros bailáis.*

En una oración, la forma verbal que funciona como núcleo (N) del predicado concuerda en persona y número con el núcleo (N) del sujeto. Por ejemplo: *Él llegó pronto / Vosotros llegasteis pronto.*

El **tiempo** de una forma verbal indica el momento en el que se desarrolla la acción. El tiempo puede ser el pasado o pretérito, el presente y el futuro.

Pasado o pretérito	Presente	Futuro
Expresa una acción anterior al momento en el que se habla: *Ana y Santiago prepararon ayer una paella.*	Se refiere a una acción que sucede en el momento en el que se habla: *El bebé duerme ahora la siesta.*	Expresa una acción posterior al momento en el que se habla: *Estas vacaciones iremos a Praga.*

El **modo** de una forma verbal expresa la actitud del hablante ante la acción. Existen tres modos: el indicativo, el subjuntivo y el imperativo.

Indicativo	Subjuntivo	Imperativo
El hablante se refiere a una acción real: *Jorge planchó la camisa.*	El hablante se refiere a una acción posible, que desea o con la que expresa una orden negativa: *Tal vez vaya, Ojalá vaya, No vayas.*	El hablante expresa con la acción una orden afirmativa: *Cierra la puerta.*

Hay tiempos, como el pasado, que se expresan a través de diferentes **tiempos verbales**. Por ejemplo, el verbo *cantar* puede conjugarse en pasado en estos tiempos verbales: pretérito perfecto simple (*yo canté…*), pretérito perfecto compuesto (*yo he cantado…*), pretérito imperfecto (*yo cantaba*)… Al final del libro, en los anexos hay ejemplos de verbos conjugados en sus distintos tiempos verbales.

① Relaciona en tu cuaderno cada pronombre personal con una forma verbal. Después, escribe qué persona y número expresan esas formas.

él	ellos	tú	nosotras
comes	leyó	arreglarán	acariciábamos

② Cambia la persona o el número, según se indica, de estas formas verbales.
- silbé (la persona) → silbó
- superáis (la persona) → superamos
- partieron (la persona) → partiremos

③ Copia los verbos subrayados de este diálogo y clasifícalos según el tiempo que expresen (pasado, presente o futuro).

—¿Qué haces en el ordenador, Belén?
—Busco información para un trabajo que me mandaron sobre el sistema solar.
—¿Has ido a la biblioteca? Allí seguro que encontrarás muchos libros sobre el tema.
—No, aún no. Mañana iré después de clase.

④ Une en tu cuaderno cada oración con lo que expresa el hablante en ella. Después, escribe el modo de sus formas verbales.
- Hoy es miércoles. • Una orden afirmativa
- Ojalá te guste. • Un hecho real
- ¡Salid! • Un deseo

⑤ Observa la fotografía y escribe tres oraciones distintas que podrían decir los padres a sus hijas. En cada oración debes emplear una forma verbal en un modo distinto.

La formación de los adjetivos

Muchos **adjetivos** se han formado añadiendo sufijos a otras palabras, como nombres, adjetivos o verbos. Por ejemplo:

- *furia* (nombre) + *-oso* → *furioso*
- *enfermo* (adjetivo) + *-izo* → *enfermizo*
- *recomendar* (verbo) + *-able* → *recomendable*

⑥ Relaciona en tu cuaderno y forma adjetivos.

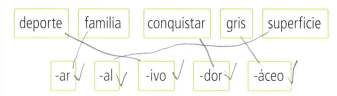

⑦ Completa estas oraciones con adjetivos formados a partir de las palabras escritas entre paréntesis.
- Ayer una cantante ..... famoso (fama) me firmó su nuevo disco.
- Muchas estrellas son ..... observables (observar) sin telescopio.
- Su larga cabellera tenía un tono ..... cobrizo (cobre).

Las palabras con *g* y con *j*

Se escriben con *g:*

- Las palabras que empiezan por *geo-*. Por ejemplo: *geología*.
- Las palabras que contienen *gest* y *gen,* excepto *majestad* y sus palabras derivadas, y *vejestorio, jengibre, ajenjo* y *piojento:* Por ejemplo: *margen*.

Se escriben con *j:*

- Las palabras que terminan en *-jero, -jera* y *-jería,* excepto *ligero*. Por ejemplo: *callejero, ojera, brujería.*
- Las palabras que acaban en *-aje* y *-eje.* Por ejemplo: *oleaje, esqueje.*

Las palabras con *x* y con *s*

Se escriben con *x:*

- Las palabras que comienzan por la sílaba *ex-* seguida del grupo *-pr-*. Por ejemplo: *expresar*.
- Las palabras que comienzan por la sílaba *ex-* seguida por el grupo *-pl-,* excepto *esplendor, espliego* y sus palabras derivadas. Por ejemplo: *explanada*.

Se escriben con *s* los nombres que terminan en *-sión,* excepto *anexión, complexión, conexión, crucifixión, flexión* y *reflexión*. Por ejemplo: *comisión, admisión.*

1. Completa en tu cuaderno estas palabras con **geo, gest** o **gen**.
   - ...eración
   - di...ión
   - ...grafía

2. Escribe la profesión y el establecimiento relacionados con esta palabra: **reloj**.

3. Completa estas oraciones con palabras de la misma familia que las que aparecen entre paréntesis.
   - El ..... (pluma) del tucán es negro.
   - La piloto se vio obligada a realizar un ..... (aterrizar) de emergencia.
   - El ..... (despejar) del portero envió el balón fuera.
   - El ..... (rodar) de la película comenzó ayer.

4. Forma tres verbos con los grupos de letras de estas columnas.

ex	pr	icar
	pl	imir
		otar

5. Copia y completa las oraciones con nombres de las familias de estos verbos: **decidir, conectar** y **dividir**.
   - La ..... es una operación aritmética.
   - La ..... telefónica no funciona.
   - Tomaste una buena ..... .

Practica todo

Blog *De buena luna*
Autora: Manuela Soto. Fecha: 21 de febrero (23:14 h).

La primera vez que el ser humano llegó a la Luna

El próximo 20 de julio se cumplirá un nuevo aniversario de la llegada del ser humano a la Luna con la misión espacial Apolo 11. El alunizaje del módulo de esta misión se produjo en el llamado mar de la Tranquilidad el día 20 de julio de 1969, a las 21:17, hora española.

Los astronautas Neil Armstrong y Buzz Aldrin no salieron de la nave hasta seis horas y media más tarde. Durante cerca de dos horas exploraron la superficie de la Luna y realizaron varios experimentos. También descubrieron una placa conmemorativa de la misión y clavaron una bandera estadounidense sobre el suelo lunar.

Una cámara de televisión se encargó de transmitir a toda la Tierra las imágenes de lo que sucedía en la Luna.

La última misión tripulada que llegó al satélite terrestre se produjo tres años después, en 1972. Desde entonces han pasado más de 40 años. ¿Cuándo regresará el ser humano a la Luna? Ojalá que sea pronto.

1 Localiza todos los verbos del primer párrafo del artículo del blog, cópialos e indica si son formas simples o compuestas, y personales o no personales.

2 Copia estas formas verbales en tu cuaderno, rodea las raíces y subraya las desinencias. Después, escribe las formas no personales de cada verbo.

- cumplirá → *cumplir* (infinitivo), *cumplido* (participio), *cumpliendo* (gerundio)
- salieron
- descubrieron
- encargó

3 Escribe la persona, el número, el tiempo y el modo de las siguientes formas verbales: **llegó, sea, regresará**.

4 Forma adjetivos añadiendo sufijos a las siguientes palabras.

| primero | Luna | Tierra | año |

5 Completa estas palabras con las letras adecuadas.
- aluniza...e
- e...perimentos
- mi...ión

6 🔊 Escucha y copia el dictado en tu cuaderno. Luego, intercámbialo con tu compañero y corregidlo.

ANÁLISIS

Daniela **escribió** un artículo para su blog.
S — P
N N

escribió: forma del verbo *escribir*, 3.ª persona, singular, tiempo pasado, modo indicativo.

7 Analiza en tu cuaderno la forma verbal destacada.
- Mi hermano y yo **hemos visto** muchas películas de astronautas.

La narrativa IV

La **novela** es una narración extensa en prosa en la que se cuentan hechos inventados que les suceden a una serie de personajes. Por lo general, suele dividirse en capítulos.

La historia de la novela es más compleja que la de un cuento; en ella, incluso, pueden desarrollarse varias historias. Además, los personajes son más numerosos, y su caracterización física y psicológica es más detallada y profunda.

En las novelas aparecen tratados distintos temas. Así, según su contenido, las novelas pueden ser realistas, de misterio, de aventuras, policíacas, de ciencia ficción, históricas, etc.

Por haberme pedido el **hacendado** Trelawney y el doctor Livesey que ponga por escrito todos los detalles relativos a la isla del tesoro, de principio a fin, sin ocultar nada más que la situación de la isla, y esto solo porque todavía no ha sido retirado todo el tesoro, tomo la pluma en el año 17... y regreso al tiempo en que mi padre era el propietario de la posada «Almirante Benbow» y el viejo y bronceado marinero, con la cara marcada por un sablazo, vino a alojarse bajo nuestro techo. Lo recuerdo como si fuera ayer, cuando llegó a la puerta de la posada con paso lento y pesado, seguido por la carretilla de mano con su cofre de a bordo: un hombre alto, fuerte, grueso, de piel tostada, con una coleta que le caía sobre los hombros de su sucia casaca azul; las manos, cuarteadas y llenas de cicatrices, con las uñas negras y rotas; y la marca del sablazo, de un blanco sucio y amoratado, que le cruzaba la mejilla. Lo recuerdo contemplando la cala mientras silbaba, hasta que comenzó aquella antigua canción marinera, que más tarde cantaría con tanta frecuencia.

Robert Louis STEVENSON

Robert Louis Stevenson (1850-1894) fue un escritor escocés. A lo largo de su vida realizó varios viajes. Es conocido, sobre todo, por sus novelas de aventuras e históricas, entre las que destacan *La isla del tesoro* y *El extraño caso del doctor Jekyll y el señor Hyde*.

Vocabulario

hacendado: persona con muchas tierras y propiedades.

1. Completa en tu cuaderno la siguiente ficha con los datos del fragmento de *La isla del tesoro*.

   - Tipo de texto: ☒ literario ☐ no literario
   - Se trata de una obra del género:
     ☐ lírico   ☒ narrativo   ☐ dramático
   - Está escrito: ☒ en prosa   ☐ en verso
   - Está narrado: ☒ en primera persona   ☒ en tercera persona

2. Copia la opción correcta.
   - En el texto se narra una historia completa, con su planteamiento, nudo y desenlace.
   - El texto es un fragmento de una obra más extensa.

3. Escribe qué personajes aparecen en la narración.

4. 💬 Explica oralmente cómo es el personaje del marinero que llega a la posada.

5. Observa las cubiertas de estas novelas y di de qué tipo crees que es cada una de ellas.

La vuelta al mundo en 80 días, de Julio Verne.   *El sabueso de los Baskerville*, de Arthur Conan Doyle.   *Drácula*, de Bram Stoker.

6. Elabora un mapa conceptual que contenga la siguiente información acerca de la novela que estáis leyendo en clase: tema, personajes, historias y tipo de novela.

RINCÓN CREATIVO

7. Asocia cada uno de los temas de las novelas de la actividad 5 con un sentimiento o estado de ánimo.

8. Añade varios párrafos al fragmento de *La isla del tesoro.* Para ello, inventa una nueva situación entre el marinero y otro personaje.

LA RESEÑA

La **reseña** es un texto breve en el que se aporta información sobre un libro o una película y se realiza una valoración personal acerca de la obra. Es habitual que los periódicos y las revistas publiquen reseñas sobre libros y películas de actualidad.

1 ¿Qué película has visto últimamente? ¿Qué opinión tienes sobre ella? Razona tu respuesta.

2 Lee atentamente la siguiente reseña y fíjate en las partes que la componen.

Título: *El volcán del desierto*
Autor: Alfredo Gómez Cerdá
Editorial: Edelvives
Género: novela de aventuras

— Datos básicos de la obra

Resumen del argumento

Nico viaja con su madre por el desierto de Argelia. Allí conoce a dos científicos que quieren robar el globo aerostático de su amigo Giovanni. Nico intenta impedírselo y llega a terminar volando con ellos hasta un volcán en el que, según una antigua leyenda, se esconde un fabuloso rubí. Sin embargo, cuando llegan allí, en lugar de hallar una piedra preciosa, descubren un asombroso secreto.

El volcán del desierto es un libro para los amantes de las novelas de aventuras. La historia tiene el atractivo de desarrollarse en el misterioso desierto y de estar protagonizada por Nico, un inquieto muchacho con el que muchos jóvenes lectores se sentirán identificados. Además, el autor narra los acontecimientos de manera ágil y amena. Se trata de un libro que, cuando se empieza a leer, es imposible dejar hasta llegar al final.

— Valoración personal

ANALIZO

Las reseñas presentan opiniones argumentadas y nos ayudan a tomar una decisión a la hora de elegir entre distintos libros o películas.

3 Reflexiona.
- ¿En qué orden se organizan las partes de la reseña? ¿Te parece adecuado?
- ¿Se trata de un texto breve o extenso? ¿Por qué piensas que es así?
- ¿Por qué crees que los datos básicos están en primer lugar?

4 Vuelve a leer el texto y responde.
- ¿A qué libro corresponde la reseña?
- ¿A qué género pertenece?
- ¿Qué hecho intentaba impedir el protagonista?
- ¿La valoración es positiva o negativa?
- ¿Qué argumentos proporciona?

UNIDAD 9 | 195

Escribe la reseña de un libro o una película que te haya gustado.

PLANIFICO

5 En primer lugar, organiza tus ideas.

- Elige la obra que vas a tratar.
- Recoge los datos básicos.
- Escribe los acontecimientos más importantes de la historia en el resumen, pero no desveles el final.
- Piensa en los argumentos que te hacen valorar la obra así y escribe tu valocación.

Elabora un mapa conceptual y escribe, a partir de él, un guion. Puedes tomar este como modelo.

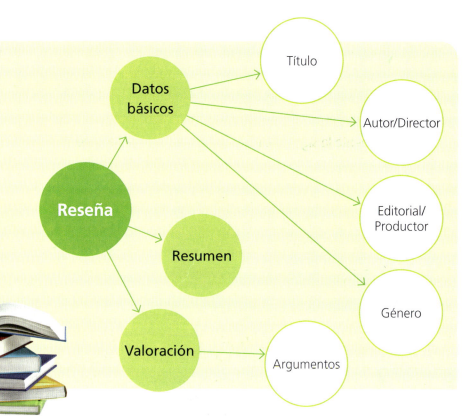

REDACTO

6 Elabora, a continuación, un borrador con los datos de tu guion.

7 Escribe la reseña teniendo en cuenta la planificación que has hecho. No olvides cuidar la ortografía y la presentación.

Mejora tu redacción

Para conseguir que el resumen de una reseña sea lo más relevante de la historia, es necesario sintetizar; es decir, quedarse con lo esencial y más importante. Para **sintetizar correctamente**, debes:

- Presentar al protagonista y explicar brevemente el planteamiento de la historia.
- Describir los acontecimientos principales sin detenerte en los detalles.

REVISO

8 Relee tu texto y valora en tu cuaderno los siguientes puntos para, así, poder evaluar tu progreso.

Caligrafía	¿Se entiende la letra?
Ortografía	¿Hay faltas? Corrígelas.
Estructura y redacción	¿Aparecen todos los elementos de la reseña?
	¿Has sintetizado lo más importante en el resumen?
	¿Has separado adecuadamente el resumen de la valoración?
Presentación	¿Se distinguen con claridad los datos básicos?

¡INOLVIDABLE!

En una palmera, en una isla, en mitad del inmenso mar azul, había una niña.

Nim tenía el pelo revuelto, los ojos brillantes y llevaba tres cordeles en torno al cuello. Uno, para un catalejo; otro, para una caracola que silbaba y el tercero, para una gruesa y roja navaja con su funda.

Con el catalejo en el ojo, vigilaba el barco de su padre. Navegaba por el arrecife en dirección al océano, hacia aguas más profundas y oscuras. Jack se volvió agitando la mano y Nim le devolvió el saludo, aunque sabía que él no podía verla.

Entonces el viento hinchó las velas blancas y lo arrastró más allá de donde la vista alcanza. Nim se quedó sola. Durante tres días y tres noches, Nim estaría a cargo de cualquier cosa que pudiera suceder o que hubiese que realizar.

Wendy Orr

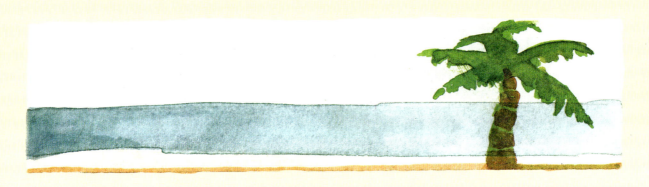

1. ¿Quiénes vivían en la isla?
   - Nim.
   - Nim y su padre.
   - Jack.
   - Jack y el padre de Nim.

2. Señala si las siguientes afirmaciones son verdaderas o falsas.
   - Jack vio a su hija saludarlo.
   - Nim llevaba una navaja colgada.
   - El barco de Jack funcionaba a motor.

3. ¿Quién cuidaría de Nim en la isla mientras su padre estuviera fuera?

4. Copia la forma verbal de esta oración. Después, escribe si es una forma verbal simple o compuesta, personal o no personal.

   > Nim observaba el mar con un catalejo.

5. Separa el lexema de la desinencia en la forma verbal **arrastró**.

6. Completa en tu cuaderno estas oraciones con las formas verbales adecuadas. Después, escribe la persona y el tiempo de la primera, y el número y el modo de la segunda.
   - Ojalá papá ...... (vuelva / volverá) pronto.
   - Nim ...... (trepé / trepó) la palmera.

UNIDAD 9   197

7 Copia las palabras que sean adjetivos. Después, escribe la palabra a partir de la que se formó cada uno.

- oceánico
- viento
- blancuzco
- vistoso

8 Forma adjetivos con estas palabras y sufijos.

navegar	azul	mar	roja
-ino	-izo	-ado	-able

9 Completa las palabras con las letras correctas.

- ge_ólogo | geó | jeó |
- pais_aje | age | aje |
- con_gestión | gest | jest |
- cerra_jería | gería | jería |

10 Escribe en tu cuaderno las letras que faltan en las palabras de estas oraciones.

- A pesar de la e**x**plosión, no hubo ningún herido.
- La profe**s**ión de arquitecto me parece muy interesante.

TIENES EL PODER

11 Realizad en clase un concurso de narración de experiencias curiosas que os hayan ocurrido. Después, elegid entre todos aquella que os parezca la más divertida.

12 Escucha y copia el dictado en tu cuaderno.

13 Redacta la reseña del último libro que hayas leído. Después, resume el contenido con tus propias palabras.

14 Busca en la biblioteca de tu aula o de tu colegio una novela y completa en tu cuaderno esta ficha con sus datos.

- Título: .....
- Autor: .....
- Ilustrador: .....
- Editorial: .....
- Número de páginas: .....
- Género: .....

15 Indica las principales características de las novelas y tres tipos que conozcas.

10 QUERIDO DIARIO

¿Qué sientes cuando observas una injusticia? ¿Qué crees que puedes hacer?

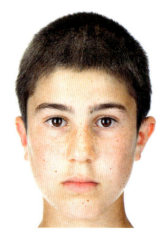
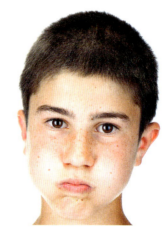

Escribid las últimas páginas de vuestro diario de abordo. ¡Ya queda poco!

¿Cómo explicarías las fases del proceso de transformación del gusano en mariposa?

¿Qué le contaría esta chica a su diario al final del día?

REALIZAR UNA EXPOSICIÓN ORAL

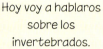

Hoy voy a hablaros sobre los invertebrados.

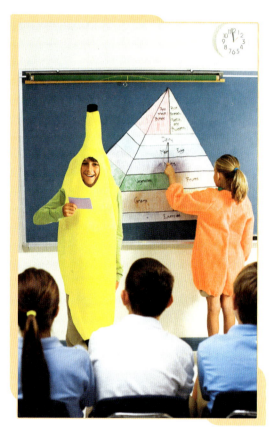

1. Responde a las siguientes preguntas.
   - ¿Qué hace el chico de la primera fotografía?
   - ¿Sobre qué tema piensas que exponen los dos niños?
   - ¿Cuál de las tres exposiciones de las fotografías te parece más formal? ¿Por qué?

2. ¿Has hecho alguna vez una exposición oral en clase? Explica cómo la preparaste y qué tal lo hiciste.

3. Si tuvieras que hacer una exposición en público, ¿preferirías que tratara sobre un tema conocido por ti o sobre uno nuevo? ¿Por qué?

4. Imagina que tu compañero y tú tenéis que hablar sobre los medios de comunicación: ¿qué tendríais en cuenta para hacer una buena exposición oral?

5 🔊 Escucha la exposición que hizo Berta. Anota lo que creas necesario.

6 Responde a las siguientes preguntas.

- ¿Cuál es el tema de la exposición? Resúmelo.
- ¿Cuál es la idea principal? ¿Y las secundarias?
- ¿Para qué utilizan a los perros los policías y los bomberos?
- ¿Qué significa que las razas pequeñas son las más longevas?
- ¿Por qué se llaman así los perros guía?
- ¿Ha empleado Berta algún material de apoyo para la exposición?

7 ¿Piensas que Berta emplea un lenguaje adecuado en la exposición? ¿Se la oye y entiende bien cuando habla? ¿Crees que se ha preparado el tema antes de hablar sobre él?

Una **exposición oral** es una explicación sobre un tema para darlo a conocer ante un público. Suele comenzarse con una introducción y terminarse con una conclusión.

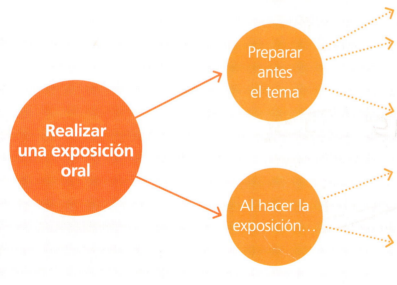

Realizar una exposición oral

- **Preparar antes el tema**
  - Buscar información.
  - Escribir un guion ordenado con todas sus partes, señalando las ideas principales y las secundarias.
  - Ensayar para ajustarse al tiempo que se tenga.
- **Al hacer la exposición…**
  - Mirar a las personas que escuchan y emplear el lenguaje no verbal (gestos, proximidad…).
  - Hablar alto y claro, evitando repeticiones de palabras.

8 ¿Por qué es necesario elaborar un esquema con las ideas principales y secundarias al preparar una exposición?

9 ¿Cómo crees que debes emplear la voz y los gestos para realizar una exposición? ¿Por qué?

10 En parejas, preparad una pequeña exposición oral sobre un tema que os interese y exponedla ante vuestros compañeros.

Renata escribe un diario

- ¿Qué consideras que es lo más importante a la hora de escribir un diario?
- ¿Por qué crees que algunas personas escriben diarios?

7 de mayo

Cuando mi papá, don Manolo, lee una noticia «inhumana» en el periódico se pone con casi cuarenta de fiebre y tiene que ducharse con agua fría para que se le pase el sofocón. ¡No exagero ni tanto así, palabra, que se me caigan las dos orejas al suelo si miento! [...]

Mi papá don Manolo llama noticias inhumanas a las que cuentan cosas como las de los niños **explotados** [...]. Cuando leyó ayer la historia de dos niños indios, Marishwara y Babú, de ocho y de cinco años, que trabajan doce horas diarias en una fábrica de cerillas, le entró al pobre tal ataque de fiebre que el sillón donde estaba sentado temblaba igual que si hubiese un terremoto.
Y cuando se duchó con agua fría y se le pasó el ataque, se puso sentimental y nostálgico y me dijo que le gustaría convertirse en Pipo para luchar contra todos los sinvergüenzas y malnacidos que esclavizan a los niños y les «roban la infancia», así mismo dijo. Esta reflexión y este deseo lo expresa mi papá muchas veces y a mí me encanta oírlo.

Pipo, querido diario, es un héroe de los libros que él leía de niño, que se los había dejado en herencia mi abuela y que ahora él me los ha dejado a mí. Y también a mí me fascina y me mola un montón el personaje de Pipo. «Un buen personaje —como dice mi papá— nunca pasa de moda».

Bueno, en realidad son dos personajes, Pipo y Pipa. Pipo es un niño supervaliente que no para de hacer hazañas, y Pipa es una perrita de peluche que le acompaña siempre en sus aventuras.

Pero antes de meterme en cualquier follón o peligro, ¿sabes lo que hago? Me concentro y recito las mismas palabras que dice Pipo en sus libros antes de emprender una aventura: «¡Qué tiemblen los gigantes, que se preparen los dragones, las brujas, los piratas y todos cuantos genios malos existen en el mundo! ¡Que tiemblen, sí, porque Pipo —bueno, yo digo "porque Pipa"— por el bien y por la gloria, sale en su busca y a todos vencerá con el arrojo de su potente brazo!».

Aquí, entre tú y yo, queridísimo diario, he de confesarte sin embargo que yo he cambiado los papeles y Pipa es la heroína y Pipo su perrito fiel de peluche. ¡Y yo soy Pipa, a ver, por algo he hecho el cambio yo misma mismamente!, ¿no? Y siempre que me pasa algo malo o me veo en una situación chunga, cojo y me imagino que soy la gran Pipa y resuelvo el **trance** en un periquete.

¡Con el coraje de mi potente brazo me gustaría a mí enfrentarme, igual que dice mi papá don Manolo, a todos los **rufianes** y desalmados que esclavizan a trescientos millones de niños y no les dejan ni jugar ni leer libros de cuentos! […]

¡Hay que entrar inmediatamente en acción, Pipa y Pipo cabalgan de nuevo!

¿Qué con la fantasía no se resuelve nada, dice alguien por ahí? Yo no estoy tan segura de eso, ¿no he leído en alguna parte […], ya no me acuerdo bien, un eslogan que dice «La imaginación al poder»? ¿Entonces…?

Ramón García Domínguez
El diario solidario de Renata
Edelvives

> **Vocabulario**
>
> **explotar:** utilizar el esfuerzo o las cualidades de otra persona en beneficio propio.
>
> **trance:** momento difícil para una persona.
>
> **rufián:** persona despreciable que vive del engaño.

Después de leer

LOCALIZO

1 Contesta a las siguientes preguntas sobre el texto:
- ¿A quién se dirige la protagonista del texto?
- ¿Quiénes son Marishwara y Babú?
- ¿Qué es una «noticia inhumana» para el padre de Renata? ¿Cómo reacciona?
- ¿Quiénes son Pipo y Pipa? ¿Qué significan para el papá de Renata?
- ¿Qué decisión toma la protagonista? ¿Por qué lo hace? ¿A qué quiere enfrentarse?

COMPRENDO

2 ¿De quién eran originariamente los libros de *Pipo* y *pipa*? ¿Cómo llegaron a Renata?

3 ¿Podemos decir que el padre de Renata es una persona preocupada por los demás? Busca en el texto los fragmentos que permitan contestar a esta pregunta.

4 Don Manolo se pone «sentimental y nostálgico». Elige dos palabras de la siguiente lista que puedan describir esos estados de ánimo:

- tristeza
- enfado
- ternura
- indignación
- despreocupación
- indiferencia
- alegría
- tranquilidad
- ira
- aburrimiento

5 ¿Por qué Renata decide convertir a Pipo en Pipa? ¿Crees que es acertada su decisión? Razona tu respuesta.

6 ¿Cuándo se transforma la protagonista en Pipa? ¿Cómo logra hacerlo?

7 ¿Contra qué enemigos tiene que luchar Pipo? ¿Son los mismos con los que se dispone a luchar Renata?

8 Después de leer el texto, ¿qué crees que piensa la protagonista de su padre? Indica las palabras del texto que justifican tu respuesta.

9 Pipo es un «héroe de libro» que el padre de Renata descubrió siendo niño. Y lo sigue admirando porque, como él dice, «un buen personaje nunca pasa de moda». Y tú, ¿tienes algún héroe literario o de otro tipo? Piensa en tu personaje favorito y descríbelo en unas diez líneas.

COMPRENDO

10 En el texto se menciona a dos niños que son obligados a trabajar en una fábrica.

- Don Manolo dice que se les «roba la infancia». ¿Qué crees que quiere decir esa expresión?
- Fíjate en la fotografía. ¿Crees que la actividad que están desarrollando es peligrosa para los niños? ¿Por qué?
- Busca los derechos del niño en internet. ¿Qué derechos del niño no están disfrutando los niños de la lectura o los de la fotografía? ¿Qué piensas que se podría hacer para evitarlo? Debatidlo en clase.

11 El diario es un tipo de texto que nos permite hablar con nosotros mismos. En este diálogo consigo misma, Renata a veces emplea algunas exageraciones o hipérboles. ¿Cuáles de los siguientes fragmentos del texto incluyen una hipérbole?

- ¡No exagero ni tanto así, palabra, que se me caigan las dos orejas al suelo si miento!
- Yo no estoy tan segura de eso.
- El sillón donde estaba sentado temblaba igual que si hubiese un terremoto.

RELACIONO

12 ♥ Al padre de Renata no le gustan las noticias «inhumanas», él valora la justicia y la solidaridad y le gustaría luchar contra los que impiden a los niños disfrutar de su infancia.

- ¿Qué noticias te parecen a ti inhumanas? ¿Contra qué problemas que ves a tu alrededor o en las noticias te gustaría luchar? ¿Cómo lo harías?

13 ♥ ¿Quiénes crees que son los «grandes héroes» de nuestro tiempo?

- Menciona tres personas conocidas a las que más admires y explica por qué las eliges.

14 ♥ Cuando lee «la noticia inhumana», al padre de Renata primero le da un ataque y luego se pone «sentimental y nostálgico». Es lógico que don Manuel se sienta enfadado y triste por el abuso cometido contra unos niños. Renata se siente igual y decide hacer algo para intentar enfrentarse a los «desalmados».

- ¿Qué situaciones te enfadan o te ponen triste a ti? ¿Consideras que es adecuado que te sientas así en esas situaciones?
- ¿Haces alguna cosa para intentar solucionarlo? ¿Cuál?

El verbo II

El conjunto de todas las formas de un verbo es su **conjugación**.

Existen tres **modelos de conjugación**: **1.ª conjugación** (verbos con el infinitivo terminado en *-ar*), **2.ª conjugación** (el infinitivo termina en *-er*) y **3.ª conjugación** (el infinitivo termina en *-ir*).

La mayoría de los verbos se conjuga como *cantar*, *comer* o *vivir*, que son los **verbos modelo** de la 1.ª, 2.ª y 3.ª conjugación, respectivamente.

Los verbos regulares e irregulares

Los verbos pueden ser regulares o irregulares.

Un **verbo** es **regular** cuando se conjuga como su verbo modelo. Todas las formas de un verbo regular conservan el lexema o raíz del infinitivo y tienen la misma desinencia o sufijo que las formas correspondientes del verbo modelo. Por ejemplo: *saltar*.

Un **verbo** es **irregular** si una o varias de sus formas presentan algún cambio en la conjugación de su verbo modelo. Esta irregularidad puede darse en el lexema, en la desinencia, o en ambos. Por ejemplo: *andar*. Si nos fijamos en la primera persona del singular del tiempo pretérito perfecto simple del modo indicativo de este verbo, su desinencia no coincide con la de la forma correspondiente del verbo modelo (*cant-é*). Se dice *yo anduve*, no *yo andé*.

Así, hay que tener en cuenta la ortografía a la hora de escribir estos verbos. (Debemos escribir *nosotros huimos*, pero *él huye*, o *tú naces*, pero *yo nazco*).

La oración activa y la oración pasiva T.11

Si, en una oración, se quiere **destacar el sujeto**, se escribe en **voz activa** (*Pedro bebe un vaso de leche*). Si lo que se quiere **destacar** es el **predicado**, se escribe en **voz pasiva** (*Un vaso de leche es bebido por Pedro*).

En una **oración activa**, el verbo está en voz activa y su sujeto se denomina **sujeto agente**.

En una **oración pasiva**, el sujeto, llamado **sujeto paciente**, recibe la acción del verbo. El verbo de una oración pasiva está en voz pasiva.

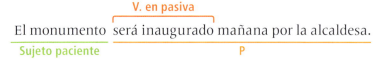

La **voz pasiva** de un verbo se construye con una forma del verbo *ser* y el participio del verbo que expresa la acción: *fue lijado*, *es plantada*, *serán corregidos*.

Recuerda

Al final del libro, en los anexos, tienes la **conjugación completa** de los tres verbos modelo. ¡Memorízalos para ser capaz de conjugar los verbos de mayor uso en todos sus modos y tiempos!

1 Conjuga estos verbos en los tiempos verbales indicados.

- buscar → condicional simple del modo indicativo
- empujar → presente del modo subjuntivo
- saltar → pretérito imperfecto del modo indicativo

2 Observa las desinencias de estas formas verbales y las de las formas de los verbos modelo de la columna derecha. Después, di qué verbo es irregular y explica por qué lo es.

d-oy (de *dar*)	cant-o (de *cantar*)
tem-o (de *temer*)	com-o (de *comer*)
abr-o (de *abrir*)	viv-o (de *vivir*)

3 Fíjate en los lexemas de estos infinitivos y en los de sus formas conjugadas. Después, copia los dos verbos que sean regulares y explica por qué lo son.

cav-ar	sent-ir	beb-er
Regular	Irregular	Regular
cav-o	sient-o	beb-o

4 Indica si las siguientes oraciones son activas o pasivas.

- María Zambrano escribió un gran número de obras filosóficas.
- El arroz es cultivado en esta finca por mi familia.
- El tapiz ha sido tejido por una artista mexicana.

La formación de los verbos

Muchos **verbos** se han formado añadiendo sufijos a nombres o adjetivos. Por ejemplo:

- *danza* (nombre) + *-ar* → *danzar*
- *robusto* (adjetivo) + *-ecer* → *robustecer*

Algunos verbos añaden también un prefijo: *re-* + *útil* + *-izar* → *reutilizar*.

5 Escribe a partir de qué palabras se han formado estos verbos y clasifícalas según sean nombres o adjetivos: **agilizar, flojear, numerar, florecer.**

6 Forma verbos con estos prefijos, palabras y sufijos.

a-	em-	des-		-ar	-izar-	-ecer	-ar

	paquete	masa	rata	resplandor

7 Completa estas oraciones con verbos formados a partir de las palabras escritas entre paréntesis.

- Ayudé a mi primito a ..... (soplo) las velas de la tarta.
- Para ..... (memoria) un poema, hay que leerlo varias veces.
- El entrenador acusó al árbitro de ..... (favor) al jugador rival.

Los signos de puntuación I

El **punto** (.) marca el final de un enunciado que no sea interrogativo o exclamativo. Este punto obliga a realizar una pausa en la lectura. Después del punto, la siguiente palabra se escribe con mayúscula.

Existen tres tipos de punto distintos:

- El **punto y seguido** separa dos oraciones dentro de un mismo párrafo.
- El **punto y aparte** marca el final de un párrafo.
- El **punto final** indica el final del texto.

La **coma** (,) señala una pausa en la lectura. En una oración, se utiliza la coma para separar:

- Las palabras de una enumeración o serie, excepto delante de los enlaces *y, e, o, u, ni*. Por ejemplo: *El camaleón, el gorila y el guacamayo son animales de la selva.*
- El nombre de la persona a la que se dirige el emisor de la oración. Por ejemplo: *Ven a comer, Cecilia.*
- Una aclaración o explicación. Por ejemplo: *Louis Pasteur, un químico francés, descubrió la vacuna contra la rabia.*

Las oraciones exclamativas se escriben entre un **signo de exclamación de apertura** (¡) y otro **de cierre** (!). Por ejemplo: *¡Qué frío hace!*

Las oraciones interrogativas se escriben entre un **signo de interrogación de apertura** (¿) y otro **de cierre** (?). Por ejemplo: *¿Cuál es tu asignatura favorita?*

Recuerda

Tanto los signos de exclamación como los de interrogación obligan a leer la oración con una entonación determinada.

---

1 Completa estos enunciados en tu cuaderno con los signos que faltan.

- ....Qué hambre tengo......
- Pedro colecciona sellos.....
- ....Cómo se llama tu primo.....
- Antonio es mi amigo..... Vive en mi barrio.....
- La profesora no ha venido hoy.....
- Claudia..... la vecina de arriba..... se muda a Salamanca.
- ....Bravo.....
- ....Cuántos días quedan para las vacaciones.....
- Leo..... mi primo..... vendrá mañana a mi cumpleaños.....
- ¿Vienes con nosotros.....Unai?

2 Explica qué uso tiene la coma en estas oraciones.

- Manu, un amigo mío, sabe portugués.
- Saturno, Mercurio y Urano son planetas.
- Rosalía, ¿te ayudo con la bolsa?
- María, Pablo, Carmen y Samuel son niños de mi clase.
- Papá, ¿por qué no vamos al cine?
- La isla de la Palma, donde se rodó la película, tiene bonitos paisajes.

3 Copia estas oraciones y añade las comas que faltan.

- La torre Eiffel ubicada en el centro de París tiene unos 300 metros de altura.
- Abuelo en qué año naciste?
- Compré plátanos albaricoques mandarinas y kiwis en la frutería.

Practica todo

Guacamole
SABORES DEL MUNDO

¿Has probado alguna vez el guacamole? A continuación, tienes una receta para preparar esta salsa típica de la cocina mexicana. A nosotros nos encanta. ¡Esperamos que a ti también te guste!

Ingredientes (para dos personas)
- Un aguacate grande y maduro
- Un tomate
- Una cucharada de aceite de oliva
- Unas hojas de cilantro
- ½ limón
- ¼ de cebolla
- Sal

1. Corta el aguacate por la mitad y quítale el hueso. Luego, con una cuchara, extrae la pulpa y ponla en un plato hondo.
2. Aplasta la pulpa con un tenedor y échale un poco de sal.
3. Pica la cebolla y el cilantro y corta el tomate en daditos.
4. Añade la cebolla, el cilantro, el tomate y el aceite a la pulpa. Después, mézclalo todo con el tenedor.
5. Echa a la mezcla unas gotas de limón.
6. Enfría el guacamole en la nevera durante diez minutos.

Te recomendamos acompañar el guacamole con nachos de maíz. ¡Verás qué sabroso queda!

1 Señala a qué modelo de conjugación pertenece cada uno de los siguientes verbos y escribe la forma verbal correspondiente de su verbo modelo (*cantar*, *comer* o *vivir*).
- tienes
- esperamos
- verás

2 Clasifica estas formas en función de si el verbo es regular o irregular.

| extrajo | pica | tendremos | guste |

3 Transforma esta oración a la voz pasiva.

| El cocinero corta el tomate. |

4 Forma verbos a partir de estas palabras.
- grande
- cocina
- sal
- maduro

5 Escribe qué función cumplen los signos de puntuación en estas oraciones.
- Añade la cebolla, el cilantro, el tomate y el aceite a la pulpa.
- ¡Verás qué sabroso queda!

6 Escucha y copia el dictado en tu cuaderno. Luego, intercámbialo con tu compañero y corregidlo.

ANÁLISIS

Mi papá **preparó** el guacamole esta mañana.
(N N / S P)

preparó: forma del verbo *preparar* (1.ª conjugación), 3.ª persona, singular, tiempo pretérito perfecto simple, modo indicativo.

7 Analiza en tu cuaderno las palabras destacadas.
- **Limpia** la cocina. Luego yo **haré** la cena.

Los escritos personales I

El **diario** es un tipo de narración en la que el autor escribe los sucesos que le ocurren, así como hechos y reflexiones personales; por eso, están narrados en primera persona del singular.

Lo más característico de los diarios es que están divididos en **fragmentos** de diversa extensión, con la **fecha incluida** al principio de cada uno de ellos.

Existen **diarios literarios,** con las características de los textos literarios y escritos para ser publicados, y **no literarios**, que son de carácter privado y son escritos para ser leídos solo por su autor. En la actualidad, contamos con una modalidad derivada del diario literario en formato digital que son los **blogs.**

Lunes, 25 de mayo — Fragmento con la fecha incluida

He decidido ser poeta. Mi padre dice que no existe ninguna carrera estructurada para poetas y tampoco pensiones ni otras cosas aburridas, pero lo tengo decidido. — Escrito en primera persona del singular

Ha intentado que me interesara en ser analista de ordenadores, pero le he contestado que «necesitaba poner mi alma en mi trabajo y ya se sabe que los ordenadores no tienen alma». Mi padre dijo: «Los americanos trabajan en ello». Pero no puedo esperar tanto tiempo. — Reflexiones personales

He comprado dos latas de pintura satinada negra de vinilo y una brocha de dos centímetros. He empezado a pintar nada más llegar del centro juvenil. Aún se ve a Noddy a través de la pintura negra. Me parece que van a hacer falta dos capas. ¡Vaya suerte la mía! — Experiencias personales

Sue TOWNSEND

UNIDAD 10 | 211

1. Vuelve a leer el fragmento del *El diario secreto de Adrian Mole* y completa en tu cuaderno la siguiente ficha.

- Tipo de texto: ☒ literario   ☒ no literario
- Se trata de una obra del género:
  ☐ lírico ☒ narrativo ☐ dramático
- Está escrito: ☐ en verso ☒ en prosa
- Está narrado: ☒ en primera persona ☐ en tercera persona

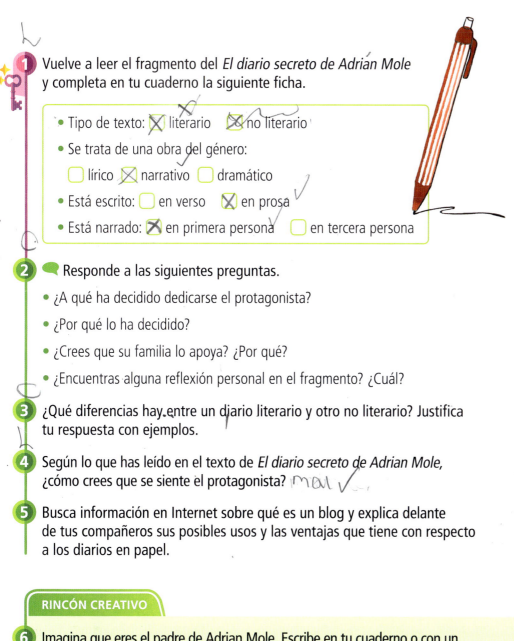

2. Responde a las siguientes preguntas.
- ¿A qué ha decidido dedicarse el protagonista?
- ¿Por qué lo ha decidido?
- ¿Crees que su familia lo apoya? ¿Por qué?
- ¿Encuentras alguna reflexión personal en el fragmento? ¿Cuál?

3. ¿Qué diferencias hay entre un diario literario y otro no literario? Justifica tu respuesta con ejemplos.

4. Según lo que has leído en el texto de *El diario secreto de Adrian Mole*, ¿cómo crees que se siente el protagonista?

5. Busca información en Internet sobre qué es un blog y explica delante de tus compañeros sus posibles usos y las ventajas que tiene con respecto a los diarios en papel.

RINCÓN CREATIVO

6. Imagina que eres el padre de Adrian Mole. Escribe en tu cuaderno o con un procesador de textos una página de su diario correspondiente al mismo día.

7. Elige un día de tu vida en el que te ocurriera algo interesante o curioso y escribe la página de tu diario. Para ello, fíjate en este esquema.

Querido diario: ..... — Incluye la fecha de hoy.

Hoy me ha sucedido algo ..... — Describe algo interesante que te haya sucedido.

Me parece que esto que me ha pasado es ..... — Escribe una breve reflexión al respecto.

Aquí me despido hasta el próximo día.

LA EXPLICACIÓN DE UN PROCESO

Explicar un proceso consiste en contar, de forma ordenada, las fases de un fenómeno natural o de una actividad humana. Algunos procesos son cíclicos, es decir, que después de la última fase vuelven a empezar (por ejemplo, el ciclo del agua).

Para explicar un proceso, se pueden utilizar **esquemas**, **gráficos** o **imágenes**.

1 En la naturaleza se dan muchos procesos, como las estaciones o la metamorfosis de una mariposa. Explica alguno que conozcas.

2 Lee atentamente la explicación del siguiente proceso.

VIDRIOS LUMINARIA
PROCESO DE ELABORACIÓN DE NUESTRO VIDRIO

Los envases de vidrio que se elaboran en nuestras instalaciones pasan por el siguiente **proceso de fabricación:**

- Primero se mezclan los cuatro compuestos molidos en proporciones distintas dependiendo de su función: arena, que es el componente principal; sosa, que sirve para favorecer la fusión; piedra caliza, que le aporta mayor resistencia; y algún metal u óxido para dar color.
- Después, la mezcla se funde a más de 1 500 °C.
- A continuación, las gotas de vidrio fundido se introducen en moldes para darles la forma que se desea (frascos, botellas…).
- Posteriormente, se inyecta aire, mediante una técnica denominada «soplado», para que la gota fundida se adapte por completo al molde y adquiera su forma final.
- Para concluir, una vez enfriado el vidrio y terminado, pasa un exhaustivo control de calidad.

ANALIZO

La explicación de un proceso natural nos ayuda a entender la naturaleza. Si el proceso es artificial, nos facilita su realización.

3 Reflexiona.
- ¿Cómo se ordenan los pasos del proceso?
- ¿Te parece adecuada la forma de ordenar los pasos? ¿Por qué?
- ¿Las imágenes ayudan a entender el texto? ¿Por qué?

4 Vuelve a leer el texto y responde.
- ¿Qué proceso explica?
- ¿Quién escribió el texto? ¿Para qué crees que lo hizo?
- ¿Qué materiales se utilizan?
- ¿Cómo termina el proceso?

Escribe la explicación de un proceso.

PLANIFICO

5 En primer lugar, organiza tus ideas. Antes de empezar, debes:

- Elegir un proceso que conozcas. Puede ser una manualidad o algo que hayas aprendido a elaborar.
- Pensar en el material y las herramientas que necesitas.
- Apuntar los pasos o fases del proceso.

Elabora un mapa conceptual y escribe, a partir de él, un guion. Puedes tomar este como modelo y completarlo añadiendo los pasos y materiales que necesites.

REDACTO

6 Elabora un borrador con los datos de tu guion.

7 Redacta la explicación del proceso teniendo en cuenta la planificación que has hecho. No olvides cuidar la ortografía y la presentación.

Mejora tu redacción

En la explicación de un proceso, el orden es lo más importante. Para que en tu texto queden perfectamente ordenados los pasos o fases, puedes **usar conectores**. Para ello, debes:

- Comenzar utilizando expresiones como *lo primero, para empezar…*
- Continuar con palabras y expresiones como *después, a continuación, posteriormente…*
- Terminar empleando *por último, finalmente…*

REVISO

8 Relee tu texto y valora en tu cuaderno estos puntos para evaluar tu progreso.

9 Luego, intercambiaos los textos y valorad el trabajo de vuestro compañero.

Caligrafía	¿Se entiende la letra?
Ortografía	¿Hay faltas? Corrígelas.
	¿Están bien empleados los puntos y las comas?
Estructura y redacción	¿Aparecen explicados todos los pasos del proceso?
	¿Has utilizado conectores para organizar mejor la explicación?
Presentación	¿Has incluido el título del proceso?
	¿Los pasos están separados unos de otros?
	¿El texto está acompañado de dibujos o fotos?

¡INOLVIDABLE!

Es posible que nadie me crea, pero una noche vi, en Génova, un rascacielos salir al mar como un transatlántico. Estaba en la terraza del hotel mirando en dirección al puerto. Allí un transatlántico alto como un rascacielos iluminaba con sus miles de luces la multitud de mercantes, remolcadores y barcos de vapor. Ululó una sirena desde algún punto de aquella inmensa maraña de aparejos, chimeneas y oscuros e inmóviles cascos. [...]

De buenas a primeras, creí que era el transatlántico. Una columna inmensa agujereada desordenadamente aquí y allá, a diversas alturas, por ventanas iluminadas, se deslizaba lenta y solemne sobre las profundas aguas, lejos de la costa. Miré mejor. El transatlántico siempre estaba en el mismo sitio.

El rascacielos no dominaba ya sobre los tejados de la ciudad. El gran pastor de cemento armado y cristal había abandonado su rebaño de casas. El rascacielos se hacía a la mar...

Gianni RODARI

1. ¿Con qué confundió el narrador al rascacielos?
   - Con un hotel.
   - Con un transatlántico.

2. ¿A qué se llama «gran pastor de cemento» en el texto?

3. Escribe el infinitivo de estas formas verbales e indica el modelo de conjugación al que pertenecen.

   | creí | dominaba | salió |

4. Conjuga el verbo **iluminar** en el tiempo presente del modo indicativo y del subjuntivo.

5. Fíjate en las formas verbales de la siguiente tabla y clasifica los verbos **creer, deslizar, estar** y **mirar** en regulares e irregulares.

Forma	Forma del verbo modelo
cre-yó	com-ió
desliz-aba	cant-aba
est-oy	cant-o
mir-é	cant-é

6. Escribe en voz pasiva las siguientes oraciones.
   - El narrador vio un rascacielos.
   - El transatlántico iluminaba los mercantes, remolcadores y barcos de vapor.

7. Escribe las palabras a partir de las que se han formado los siguientes verbos.

    horrorizar   enrojecer   barnizar

8. Forma verbos con las palabras **agujero, moderno** y **oscuro**, y los sufijos **-ecer, -ear** e **-izar.**

9. Completa las oraciones con verbos formados a partir de las palabras **final** y **nombre.**
    - El monitor nos dijo que teníamos que ..... pronto.
    - Los nombres sirven para ..... a los seres, objetos, lugares e ideas.

10. Completa las oraciones con los signos adecuados.
    - .....Vaya sueño tengo.....
    - El fontanero reparó la avería.....
    - .....Qué hora es.....

11. Copia estas oraciones y añade en tu cuaderno los signos que faltan.
    - Yo voy a clases de esgrima los martes los miércoles y los viernes
    - Valentina Tereshkova una cosmonauta rusa fue la primera mujer en viajar al espacio

TIENES EL PODER

12. Explica oralmente el ciclo del agua a tu compañero. Luego, él te explicará a ti la cadena alimentaria.

13. Escucha y copia el dictado en tu cuaderno.

14. Imagina que tienes un diario personal. Escribe una entrada de ese diario en la que relates un día que haya sido especial para ti.

15. Elige uno de los siguientes procesos y explícalo en un texto escrito.

▶ Reproducción de una planta.

▶ Metamorfosis de una rana.

▶ Metamorfosis de una mariposa.

16. Resume en tu cuaderno la información sobre el verbo que puedes encontrar en la página 206 del libro.

11 LA HISTORIA DE TU VIDA

¿Cómo harías un reportaje?

Valorad vuestra misión de reconquistar la Tierra, vuestros sentimientos, vuestros deseos.

¿Qué relación tienen los objetos de esta foto?

¿Qué es la amistad para ti?

EXPRESAR DESEOS, GUSTOS Y SENTIMIENTOS

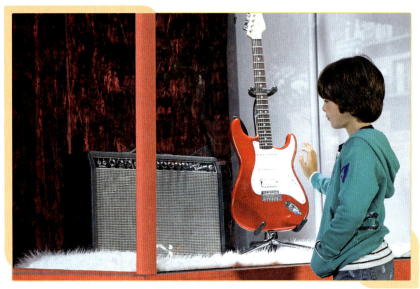

1 Observa y analiza las siguientes imágenes.

- ¿Qué ves en cada una de las fotografías? Descríbelas.
- ¿A qué crees que le gustaría dedicarse al niño de la izquierda cuando sea mayor?
- ¿Por qué piensas que el niño mira el escaparate con tanta atención? ¿Qué imaginas que puede estar sintiendo?

2 ¿Qué proyectos o deseos tienes para tu futuro?

3 ¿Qué le aconsejarías a cada uno de los niños de las imágenes para que alcanzaran sus deseos?

4 ¿Crees que debemos sentirnos tristes si no logramos lo que queremos? ¿Por qué? Debátelo con tu compañero.

UNIDAD 11 / 219

5 🔊 Escucha la conversación entre David y Jorge, y realiza las anotaciones que consideres necesarias.

6 Responde a las siguientes preguntas.
- ¿Dónde crees que viven estos niños la mayor parte del año?
- ¿Por qué David quiere volver a su pueblo?
- ¿Tiene el niño algún familiar allí? ¿Quién?
- ¿Por qué piensas que a Jorge le apetece acompañar a David?

7 ¿Crees que los niños emplean las formas verbales adecuadas para expresar su deseo? Explica por qué.

8 ¿Cómo supones que se siente David al escuchar la propuesta de Jorge de acompañarlo? Justifica tu respuesta.

Para **expresar deseos, gustos y sentimientos,** tienes que decir claramente lo que sientes o quieres y explicar por qué es así.

Expresar deseos, gustos y sentimientos

Sentimientos:
- Estoy contento/a, triste…
- Me siento decepcionado/a…
- Me encuentro confuso/a…

Gustos y deseos:
- Me encantaría… / Me encanta…
- Me apetecería… / Me apetece…
- Me gustaría… / Me gusta…

9 ¿Qué sentimientos has experimentado cuando se ha cumplido algún deseo?

10 Imagina que te has encontrado una lámpara mágica a la que le puedes pedir tres deseos; ¿cuáles serían? Expresa cómo se los pedirías ante tus compañeros.

El mundo de David

- Antes de empezar a leer, ¿quién crees que será el protagonista?
- ¿A qué «mundo» se referirá el título?

Me llamo David. Soy hijo único. Tengo un apellido impronunciable y una mascota de sangre caliente: un hámster sirio o dorado, que viene a ser lo mismo. El apellido «que nadie dice bien a la primera» me lo dio papá; el hámster, mi tío Alberto, con una jaula que tiene de todo, incluso una rueda metálica que gira y gira.

Aunque parezca mentira, no pretendo escribir mis memorias. Todavía no he cumplido los once años. Así que poco puedo contar. Si hubiese alguna ley o algo que me obligase a escribirlas, supongo que no podría alargarme más de unas pocas páginas. Lo que ocurre es que mi padre me ha visto aburrido y me ha dicho que pruebe a escribir algo.

—Algo. A, ele, ge, o. Ya está escrito —le he dicho, haciéndome el gracioso. Pero sé que le ha hecho poca gracia.

Mi padre apenas ve la televisión y, como no le gusta el fútbol ni los deportes, se pasa buena parte de las tardes y los fines de semana leyendo. Sobre la mesilla de noche siempre tiene cuatro o cinco libros. […] Uno de los libros que está leyendo ahora tiene más de quinientas páginas, es una **autobiografía.**

Vocabulario

autobiografía: narración de una vida o parte de ella escrita por el propio sujeto de la misma.

El marcador de lectura está en la página 111, capicúa. Lo sé porque lo acabo de mirar ahora mismo para escribirlo con exactitud. «Luego se fue caminando pesadamente en dirección a su coche», leo en un párrafo del libro, a mitad de página. No sé cómo se puede andar pesadamente, pero bueno...

Se trata de la biografía de un importante político británico que vivió más de cien años. Echando cuentas, salen a cinco páginas por año. A cinco páginas por año, a mí me saldría un libro de cincuenta páginas. O sea, nada.

Como me ha recomendado mi padre, voy a intentar escribir algo; algo que me sea cercano. Asuntos míos, de mi clase tan... tan particular, de sexto B. [...]

Podría empezar hablando de Fernando Sanmartín, que un día se presentó en clase con un sombrero mejicano, de esos tan grandes. Tan enorme que parecía un platillo volante. O por Jenaro con jota, que acudió con una videocámara de alta definición que pidió prestada a su padre y la metió en el interior del cajón con la intención de grabar lo que ocurría dentro del cajón. O por Estefanía, que tiene nombre de princesa, pero que cuando no acude al cole con un siete en el pantalón, viene con un ocho en la camisa, o un nueve en el examen, porque eso sí, ella es una estudiante excepcional. O por Ernesto Atilae que plantó en un envase de yogur una piruleta para que creciese. [...] O por Bernardo, que una buena mañana de lunes se encadenó a su silla reclamando el cierre de una central nuclear alemana.

—¡Y a ti qué más te da lo que ocurra en Alemania! —le dijo el jefe de estudios, más serio que un higo.

—Y si se juega allí un mundial de fútbol, ¿qué? —le contestó Bernardo, sin dar su brazo a torcer.

Daniel Nesquens
Los loros no saben nadar
Anaya

Después de leer

LOCALIZO

1. Haz una ficha del protagonista de la lectura en la que figuren estos datos: nombre, edad, hermanos, curso, mascota.

2. Responde a las siguientes preguntas sobre la lectura.
   - ¿Qué es lo que está haciendo David? ¿Por qué lo hace?
   - ¿De qué trata uno de los libros que está leyendo su padre?
   - ¿Cuál es el tema que elige David para seguir escribiendo?

COMPRENDO

3. ¿Cuál de estas descripciones se ajusta más a la personalidad de David? ¿Cambiarías alguna cosa para que fuese exacta?
   - Es un chico divertido, gran lector, muy bromista y tiene un perro.
   - Es un chico rebelde, deportista, muy serio y su mascota es un hámster.
   - Es un chico obediente, de diez años, a veces se aburre y tiene sentido del humor.
   - Es un chico simpático, de once años, no le gusta escribir y a veces va a clase con un gran sombrero.

4. ¿Crees que David es un chico bromista? ¿Por qué?

5. Además del protagonista, ¿qué otro personaje con el mismo apellido impronunciable aparece en el texto? ¿Qué sabemos de él?

6. David dice que, a sus casi 11 años, no se va a poner a escribir sus memorias. Pero después empieza a hablarnos de sus compañeros de clase.
   - Imítale y escribe un texto de entre 10 y 15 líneas sobre lo que más te llame la atención de tu clase. ¡Intenta contar alguna anécdota divertida!

7. ¿Cuál es el cálculo que hace David en este fragmento?

   > Se trata de la biografía de un importante político británico que vivió más de cien años. Echando cuentas, salen a cinco páginas por año. A cinco páginas por año, a mí me saldría un libro de cincuenta páginas.

COMPRENDO

8 Imagina que eres un escritor famoso. Acabas de publicar tu autobiografía y estás firmando ejemplares en la Feria del Libro. Escribe una dedicatoria para cada uno de estos lectores.

- Tu mejor amigo.
- Tu padre.
- Una persona a la que no conoces.
- Tu profesor o profesora.

9 ¿En qué se diferencian las dedicatorias que has escrito?

10 ¿Qué opinas de las cosas que hacen los compañeros de clase de David? ¿Cuál crees que es la más original? ¿Y la más rara?

- Escribe, al menos, cinco líneas explicando tu elección. Luego compara tus opiniones con las de tus compañeros.

11 Bernardo, el amigo de David, se encadenó a su silla. Ordena el resumen de las ideas de este párrafo e indica cuáles de ellas corresponden a Bernardo y cuáles al profesor.

- Lo que ocurra en otros países no nos afecta a nosotros.
- Es necesario cerrar la central nuclear alemana.
- Las prácticas perjudiciales para el medioambiente, aunque ocurran en otros países, nos afectan a todos.

REQUETELEO

RELACIONO

12 ♥ Tal y como habla David de sus compañeros parece que son también sus amigos. Al menos, algunos de ellos. ¿Cómo valoras tú la amistad? ¿Crees que es importante en la vida?

13 ♥ Tal vez también tú, como el protagonista de la lectura, tengas un animal como mascota.

- Si es así, cuenta en un texto de unas 10 líneas cuál es y qué haces para cuidarlo. Si no lo tienes, ¿te gustaría tener uno? ¿Por qué? ¿Cuál elegirías? Razona tus respuestas.

14 ♥ El protagonista se pone a escribir porque está aburrido. El aburrimiento es una mezcla de cansancio y desgana. Y tú, ¿te aburres alguna vez?

- Haced una tormenta de ideas con propuestas de actividades para combatir el aburrimiento. Solo hay una condición: en ninguna puede emplearse una pantalla (televisión, consolas, etc.). Copiad, cada uno, en papeles pequeños las propuestas que hayan salido que más os gusten. Llevad a casa esos papeles y guardadlos doblados en un bote o frasco. La próxima vez que estéis aburridos, sacad uno al azar.

SIENTO

El adverbio

Los **adverbios** son palabras que expresan una circunstancia respecto a un verbo, a un adjetivo o, incluso, a otro adverbio al que acompañan. Por ejemplo: *tarde, allí* y *muy.*

Lucía se levanta *tarde* los fines de semana.

Mis primos viven *allí.*

Gonzalo es *muy* simpático.

Los adverbios son invariables; es decir, no cambian de forma porque no indican un género, un número o una persona determinados.

Tipos de adverbios

Según las circunstancias que señalan, los adverbios pueden ser de distintas clases.

Lugar	aquí, allí, cerca, lejos, arriba, abajo, delante, detrás…
Tiempo	ayer, mañana, antes, ahora, después, siempre, nunca, tarde, temprano…
Modo	bien, mal, así, igual, deprisa, despacio…
Cantidad	muy, tan, poco, mucho, más, bastante, casi, nada…
Afirmación	sí, también…
Negación	no, tampoco…
Duda	quizá, acaso…
Deseo	ojalá, así…

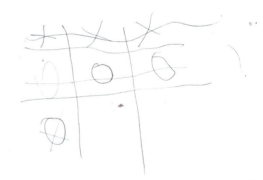

Los adverbios terminados en *-mente*

Algunos adverbios se forman añadiendo a un adjetivo el sufijo *-mente.* Por ejemplo: *alegre + -mente → alegremente.*

En caso de tener un adjetivo una forma para el masculino y otra para el femenino, el adverbio se construye con la forma del femenino. Por ejemplo: *rápida + -mente → rápidamente.*

Las locuciones adverbiales

Las locuciones adverbiales son grupos de palabras que actúan igual que un adverbio. Por ejemplo: *Tuvo que comer de pie* (locución adverbial de modo); *A lo mejor nos apuntamos* (locución adverbial de duda).

1. Copia las siguientes oraciones en tu cuaderno. Después, rodea los adverbios y únelos con una flecha a las palabras a las que acompañan.
   - Después iremos al cine.
   - ¡Ven deprisa, Hugo!
   - El gato duerme afuera.

2. Relaciona en tu cuaderno cada adverbio con su tipo.
   - dentro
   - hoy
   - acaso
   - demasiado
   - de duda
   - de cantidad
   - de lugar
   - de tiempo

3. Completa en tu cuaderno estas oraciones con adverbios del tipo indicado entre paréntesis y encuentra la locución adverbial. Escríbela y di de qué tipo es.
   - Mi abuela ha estado enferma, pero hoy se encuentra ..... (de modo).
   - Por supuesto, te esperaremos ..... (de lugar).
   - ..... (de duda) venga Noa con nosotros a la excursión.

4. Forma adverbios con los adjetivos **breve, frecuente** y **concreto,** y el sufijo **-mente.** Después, escribe un breve texto en el que utilices dos de ellos.

5. Diferencia las partes subrayadas de este texto según sean adverbios o locuciones adverbiales. Después, indica de qué tipo son estas últimas.

   Una empresa británica construyó recientemente el primer hotel de arena del mundo. Para fabricarlo, empleó cerca de un millón de kilogramos de arena.
   El hotel se encuentra en la playa de Weymouth, al sur de Inglaterra. Si alguien está pensando en hospedarse allí, que no intente hacer una reserva a toda velocidad: debe saber que el establecimiento no tiene techo ni cuartos de baño.
   En realidad, el hotel es un enorme castillo de arena.

6. Imagina que eres entrenador de un equipo de fútbol. A continuación, di tres órdenes que les darías a los jugadores en un entrenamiento, empleando adverbios y realizando gestos.

El campo semántico

Un **campo semántico** está formado por un conjunto de palabras que están relacionadas por su significado. Por ejemplo, los nombres *guitarra*, *xilófono* y *trompeta* constituyen un campo semántico (los tres designan un instrumento musical).

7. Clasifica estas palabras según el campo semántico al que pertenecen.

inglés	hípica	yudo	diamante
zafiro	natación	rubí	francés
esmeralda	ruso	euskera	voleibol

8. Encuentra en cada grupo la palabra que no pertenezca al mismo campo semántico que las otras y sustitúyela por otra que sí pertenezca.
   - microscopio, cielo, termómetro, telescopio
   - pantalón, falda, escuadra, camisa
   - castillo, caballero, choza, rascacielos
   - silla, tumbona, baúl, taburete

Los signos de puntuación II

Los **dos puntos** (:) se emplean:

- Antes de una enumeración. *Mi abuelo cultiva varios vegetales en su huerto: tomates, lechugas y puerros.*
- Antes de reproducir las palabras exactas de una persona. *El policía gritó: «¡Venid! He encontrado algo».*
- Después de saludar al inicio de una carta u otro tipo de texto. *Estimados vecinos:*

En los dos últimos casos, siempre se escribe con mayúscula inicial la palabra que va después de los dos puntos.

Los **puntos suspensivos** (…) se utilizan al final de una enumeración para indicar que está incompleta. Por ejemplo: *Mis escritores rusos favoritos son muchos: Chéjov, Tolstói, Pushkin…*

En estos casos, los puntos suspensivos se pueden sustituir por la palabra *etcétera* o por *etc.*, su abreviatura.

El **punto y coma** (;) marca una pausa en la lectura.

Este signo se emplea para separar los elementos de una enumeración cuando alguno de ellos lleva una coma. Por ejemplo: *Hoy han venido a visitarme Paco, un primo; Carmen, una compañera; y Ahmed, un vecino.*

1 Finaliza las siguientes oraciones con enumeraciones incompletas.

- En mi mochila llevo: …..
- El arcoíris está formado por varios colores: …..

2 Copia y añade el signo de los dos puntos donde corresponda.

Hola, papá:
Ha llamado el abuelo, llegará más tarde.
Un beso,
Arturo

La detective se acercó al sospechoso y le preguntó:
—¿Dónde estaba usted cuando robaron el banco?

Mi padre tiene tres hermanos: Roberto, Alejandra y Luis.

3 Completa esta oración con los signos que faltan.

El deporte favorito de Verónica es el bádminton; el de Fran, el ciclismo; el de Teresa, el baloncesto; y el de Óscar, la gimnasia.

Practica todo

El consumo eléctrico en los hogares

El consumo eléctrico de los hogares españoles ha aumentado mucho en las últimas décadas. Esto se ha debido, principalmente, a que cada vez se utilizan más electrodomésticos. Así, hoy en la mayoría de las viviendas hay varios de estos aparatos: frigorífico, lavadora, televisor, horno de microondas...

En una casa, la iluminación, el frigorífico y la calefacción son responsables de un poco más de la mitad del consumo eléctrico. La iluminación representa el 18 % del gasto en energía eléctrica; el frigorífico, otro 18 %; y la calefacción, el 15 %.

Reparto del consumo eléctrico doméstico (%)

1. Relaciona en tu cuaderno los siguientes adverbios del texto con la clase a la que pertenecen.
   - así
   - mucho
   - hoy
   - adverbio de cantidad
   - adverbio de modo
   - adverbio de tiempo

2. Copia en tu cuaderno la oración que contenga una locución adverbial y di de qué tipo es.
   - Es recomendable realizar una revisión de los electrodomésticos de vez en cuando.
   - Últimamente mi nevera hace mucho ruido.

3. Localiza en el texto y copia tres palabras que pertenezcan al campo semántico de los electrodomésticos.

4. Indica qué función tienen los punto y coma en la oración subrayada en el texto.

5. Escribe una oración relacionada con el consumo eléctrico de tu casa que contenga, al menos, los siguientes signos de puntuación: dos puntos y puntos suspensivos.

6. Escucha y copia el dictado en tu cuaderno. Luego, intercámbialo con tu compañero y corregidlo.

ANÁLISIS

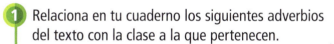

ayer: adverbio de tiempo.

7. Analiza en tu cuaderno las palabras destacadas.
   - El televisor funcionó **mal anoche**.

Los escritos personales II

Una **biografía** es la narración de los hechos principales de la vida de una persona. El texto de una biografía es literario si, además de informar, hace disfrutar al lector.

Cuando es la propia persona la que escribe su biografía, entonces se trata de una **autobiografía.** Los hechos en una autobiografía son narrados, generalmente, en primera persona.

Una biografía suele incluir:

- La fecha y el lugar del nacimiento y de la muerte, en caso de haberse producido, de la persona de la que trata.
- Los estudios y la actividad que realizó.
- Los hechos más importantes de su vida.
- Las personas y los acontecimientos de su entorno familiar y social que la influyeron.

La mañana del lunes seis de septiembre del año 1819 vi por primera vez Copenhague desde los altos de Frederiksberg. Bajé del coche con mi **hatillo** y atravesé el parque, la gran avenida y los arrabales de la ciudad. [...] Sin apenas más que diez **escudos** en el bolsillo, busqué alojamiento en una modesta fonda en las cercanías de Vesterport, que era por donde había entrado a la ciudad.

Mi primera salida fue al teatro. Varias veces le di la vuelta al edificio, contemplando sus muros, considerándolo como un hogar que todavía no estaba abierto para mí. [...] Al día siguiente me puse el traje de la **confirmación,** sin olvidar, naturalmente, las botas, con los pantalones bien metidos por dentro. Así engalanado y con un sombrero que me tapaba hasta los ojos, me fui a ver a la bailarina, *madame* Schall, a llevarle mi carta de recomendación. Antes de hacer sonar la campanilla, me arrodillé ante la puerta y rogué a Dios que hallara allí auxilio y protección.

En aquel momento subía la escalera una chica de servicio con la cesta de la compra al brazo. Me sonrió amablemente, depositó en mis manos una moneda de seis reales y siguió su camino. Yo me la quedé mirando y me quedé mirando la moneda. ¡Yo que creía que iba tan elegante con la ropa de la confirmación! ¡Cómo era posible que creyeran que estaba pidiendo limosna!

Hans Christian Andersen

Vocabulario

hatillo: paquete pequeño con ropa y objetos personales envueltos en un paño.

escudo: antigua moneda danesa.

confirmación: sacramento católico.

Hans Christian Andersen (1805-1875) fue un escritor danés, muy conocido por cuentos como *El traje nuevo del emperador* o *La sirenita.* Desde 1956, se concede un premio con su nombre, el más importante del mundo en el campo de la literatura infantil.

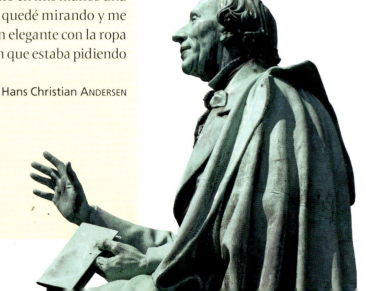

1. Vuelve a leer el texto anterior y completa la siguiente ficha.

   - Tipo de texto: ☒ literario ☐ no literario
   - Se trata de una: ☐ biografía ☒ autobiografía
   - Está escrito: ☒ en prosa ☐ en verso
   - Está narrado: ☒ en primera persona ☐ en tercera persona

2. Responde a estas preguntas.
   - ¿Qué acontecimiento de la vida de Hans Christian Andersen se narra en el texto?
   - ¿Piensas que fueron fáciles sus inicios? ¿Por qué?

3. 💬 Lee la siguiente biografía de Jane Goodall. Después, di si se trata de una biografía literaria o no y explica por qué.

   > Jane Goodall es una científica inglesa. Es una de las mayores expertas del mundo en el comportamiento de los chimpancés.
   >
   > Nació en Londres en 1934. Su interés por el mundo animal se inició cuando, a los dos años, su padre le regaló un chimpancé de juguete.
   >
   > En 1957, con 23 años, viajó a Kenia (África), donde conoció a Louis Leakey, un importante investigador de la evolución humana. Este le ofreció la oportunidad de estudiar los chimpancés en su ambiente natural. A partir de entonces, desarrolló una gran carrera como investigadora y se centró en el conocimiento de los hábitos de los chimpancés. Jane Goodall también ha luchado para defender a otros primates en peligro de extinción.

4. Busca información sobre Jheronimus Bosch, conocido en España como «el bosco» y completa en tu cuaderno la siguiente ficha. Después, relátales a tus compañeros la vida de este hombre.

   - Lugar y fecha de nacimiento y muerte: .....
   - Profesión en la que destacó: .....
   - Hechos importantes de su vida: .....
   - Obras más conocidas que realizó: .....

RINCÓN CREATIVO

5. Accede a esta página web para ver distintos fragmentos de obras de la coreógrafa alemana Pina Bausch: **www.youtube.com/watch?v=hj7ssuoN2PQ**. Después, explica qué sentimientos te transmiten los bailarines con sus movimientos.

EL REPORTAJE

Un **reportaje** es un texto informativo extenso que proporciona con gran detalle datos sobre un hecho, un personaje u otro tema de interés. En un reportaje, el periodista puede utilizar un lenguaje atractivo y expresar su opinión. Suele incluir: testimonios o entrevistas, imágenes, gráficos...

1 ¿Has leído alguna vez un reportaje? Si es así, coméntalo en clase.

2 Lee atentamente el siguiente reportaje.

Una década rodando por Marte

Entradilla: El robot Opportunity fue diseñado para funcionar tres meses y sigue activo 10 años después. Descubrió que en el planeta rojo hubo agua en el pasado.

Introducción: Fue diseñado para funcionar tres meses en Marte y lleva allí una década, afrontando las inhóspitas condiciones de la superficie de otro planeta. Es un inmenso éxito de los ingenieros y los científicos de la NASA, que hoy celebran un aniversario con el que no soñaron aquel 25 de enero de 2004 (el día 24 en California), cuando el Opportunity tocó el suelo del planeta rojo [...].

Opinión del periodista: ¿Quién tiene un coche rodando sin pasar por el taller, sin un repuesto, sin un mantenimiento durante tanto tiempo? Y operando a temperaturas ultrabajas y bajo tormentas de arena en un territorio desconocido. La NASA y sus ingenieros del Programa de Exploración de Marte celebran ahora con lógico orgullo este récord de travesía rodada jamás alcanzado en la exploración espacial automática.

El Opportunity ha recorrido en una década 38,7 kilómetros por el suelo de Marte.

Parece poco, pero no fue diseñado para cubrir grandes distancias, sino para ensayar tecnologías y tomar datos científicos, como un geólogo de campo, y en esto se apuntó el descubrimiento de un pasado de agua en el mundo vecino. El vehículo está ahora en el borde del cráter Endeavour y **«tiene una salud estupenda para un vehículo de esa edad», dice el jefe del proyecto, John Callas. «A lo mejor, aún tenemos por delante la mejor ciencia [de la misión] por hacer», añade.** (Testimonio)

www.elpais.com

ANALIZO

Los reportajes aportan aspectos y datos nuevos sobre un tema o una noticia.

3 Reflexiona.
- ¿Cuál es el tema del reportaje? ¿Cómo se destaca?
- ¿Qué opina sobre el tema el periodista?

4 Vuelve a leer el texto del reportaje y responde.
- ¿Por qué crees que el Opportunity ha sido un éxito?
- ¿Quién ha sido entrevistado? ¿Qué cuenta?

Escribe un reportaje en el que desarrolles alguna noticia o tema de interés de tu colegio.

PLANIFICO

5 En primer lugar, redacta un guion. Antes de empezar, debes:
- Elegir el tema o la noticia e investigar preguntando a los protagonistas y recogiendo datos relevantes.
- Buscar un titular atractivo.
- Introducir el tema argumentando el interés que tiene.
- Organizar los datos añadiendo tu opinión.
- Buscar imágenes que puedan acompañar al reportaje.

Puedes tomar como modelo este mapa conceptual y completarlo.

REDACTO

6 Elabora un borrador con los datos de tu guion. Elige el lugar que ocupará la imagen.

7 Redacta el reportaje teniendo en cuenta la planificación que has hecho. No olvides cuidar la ortografía y la presentación.

Mejora tu redacción

En un reportaje se necesita hacer uso de **un lenguaje muy preciso**. El lector debe entender con claridad lo que quiere decir el texto. Para ello, puedes:

- Seguir la estructura de sujeto más predicado en las oraciones.
- Añadir aclaraciones para diferenciar los hechos probados de las opiniones: *Según un testigo…; Los expertos opinan…*
- Emplear el mismo tiempo verbal a lo largo del texto.
- Utilizar correctamente los signos de puntuación.

REVISO

8 Relee tu texto y valora en tu cuaderno estos puntos para evaluar tu progreso.

9 Luego, intercambiaos los reportajes y valorad el trabajo de vuestro compañero.

Caligrafía	¿Se entiende la letra?
Ortografía	¿Hay faltas? Corrígelas.
Estructura y redacción	¿Desarrolla el texto un tema de interés, aportando más detalles y analizándolo en profundidad?
	¿Has utilizado un lenguaje preciso, claro y sencillo?
	¿Has añadido alguna opinión personal y algún testimonio?
Presentación	¿Aporta la imagen información al texto?
	¿Destaca el titular sobre el resto de los elementos?

¡INOLVIDABLE!

Este era un leopardo al que le entró el hambre y oteó el horizonte en busca de una gacela para el desayuno. Miró y remiró, pero no vio ninguna. Entonces pensó: «Subiré a un árbol bien alto y desde allí podré ver más lejos». El leopardo subió a un árbol alto y oteó el horizonte un buen rato, pero el caso es que aquel día el leopardo no desayunó. El leopardo no desayunó aquel día porque subió a un árbol tan alto que desde allí arriba las gacelas parecían hormigas, y el leopardo no bajó porque los leopardos no comen hormigas.

PINTO & CHINTO

1. ¿En qué momento del día ocurre la historia?
   - Por la mañana.
   - Por la tarde.
   - Por la noche.

2. ¿Por qué el leopardo confundió a las gacelas con hormigas?
   - Porque ambas son muy pequeñas.
   - Porque ambas son de color negro.
   - Porque veía a las gacelas muy pequeñas.

3. Copia esta oración, rodea los adverbios y subraya las palabras a las que acompañan.

   > El leopardo subió hoy a un árbol muy alto para ver más lejos.

4. Escribe de qué tipo es cada uno de los adverbios anteriores.

5. Completa en tu cuaderno estas oraciones con los adverbios indicados. Después, sustituye el adverbio de la primera oración por una locución adverbial de la misma clase.
   - ..... (de duda) el felino encuentre una gacela más tarde.
   - El leopardo ..... (de negación) desayunó hoy.

6. Marca el campo semántico al que pertenecen las siguientes palabras: **gacela, leopardo, boa** y **cacatúa.**

   mamíferos / animales de la selva / felinos

7. Añade **pino** o **cactus** a esta serie de palabras que forman parte del mismo campo semántico: **abeto, encina** y **cedro.**

   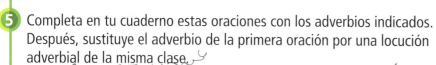

8 Finaliza esta oración en tu cuaderno con el signo adecuado.

Desde el todoterreno, vimos decenas de animales: leones, elefantes, cebras

9 Copia esta oración y añade los signos que faltan.

La cría de la víbora es el viborezno la del águila, el aguilucho y la del conejo, el gazapo.

10 Completa el texto con los signos que faltan.

Hoy la profesora nos preguntó en clase «¿Sabéis qué animal es más veloz el leopardo o la gacela?».

TIENES EL PODER

11 Expresa qué te gustaría hacer las próximas vacaciones.

12 Escucha y copia el dictado en tu cuaderno.

13 En grupo, elegid uno de estos tres personajes y buscad en Internet o en la biblioteca datos de su biografía. Después, realizad una presentación oral sobre él.

▶ Nelson Mandela. ▶ Rafael Nadal. ▶ Elvira Lindo.

14 Realiza un reportaje escrito sobre la actividad de alguien que trabaje en tu barrio (el quiosquero, un médico del centro de salud…). Puedes entrevistarlo antes para obtener información.

12 LLUVIA DE IDEAS

¿Qué obra de teatro te gustaría representar con tus compañeros? ¿De qué trata?

La misión se termina, solo os falta debatir para encontrar las mejores ideas para reconquistar la Tierra.

¿Cuántas veces te hubiesen pillado en tu vida si estuvieses conectado a un detector de mentiras o te creciese la nariz como a Pinocchio? ¿Crees que cambiaría algo?

¿Cómo defenderías tus ideas en un debate?

DEFENDER IDEAS EN UN DEBATE

1. Observa y analiza las siguientes imágenes.
   - ¿Qué crees que hacen los niños de la primera imagen?
   - ¿Por qué levantan la mano las personas de la tercera fotografía?
   - ¿Qué crees que indica el gesto que hace el hombre?

2. ¿Has participado alguna vez en un debate? Cuenta tu experiencia o explica cómo crees que sería.

3. ¿Piensas que hay temas sobre los que es más adecuado debatir que otros? ¿Por qué?

4. En parejas, estableced cómo se pueden adjudicar los turnos de palabra para participar en un debate en clase.

UNIDAD 12 | **237**

5 🔊 Escucha el siguiente fragmento de un debate. Realiza las anotaciones que creas necesarias.

6 Responde a estas preguntas.
- ¿Cuál es el tema del debate?
- Según Jaime, ¿cómo se puede contaminar menos el mar?
- ¿Qué le parece a Loreto la idea de Jaime?
- ¿Crees que Loreto y Jaime se pondrán de acuerdo finalmente?

7 ¿Piensas que los niños emplean un lenguaje adecuado en este debate? ¿Se expresan con la entonación y el ritmo apropiados? ¿Respetan los turnos de palabra en todo momento?

8 ¿Qué papel tiene el moderador en el debate?

Para **participar en un debate,** tienes que expresar las ideas claramente y explicar las razones que te llevan a pensar así.

Pienso que…
Opino que…, porque…
A mí me parece que…

Expresar las ideas con claridad, buen ritmo y los gestos y la entonación adecuados, empleando expresiones como…

Defender ideas en un debate

Esperar el turno de intervención y pedir la palabra.

Mostrar respeto por las opiniones de los demás.

9 ¿Crees que es importante saber defender las ideas en un debate? ¿Por qué?

10 ¿Consideras necesario escuchar con atención lo que dice la otra persona cuando estás debatiendo algo con ella? ¿Por qué?

11 Debatid sobre la importancia de reciclar el papel. Formad equipos de cinco alumnos: dos estarán a favor; dos, en contra y el quinto será el moderador. Al final, este último evaluará si se han respetado los turnos de palabra, si se ha empleado la entonación y los gestos adecuados, etc.

Quien duerme, no pesca

- ¿Qué tipo de texto es el que vas a leer? ¿Por qué lo sabes?
- ¿Qué puede querer decir el título?

MADRE.— ¡Pedro! ¡Pedro!

(Pedro rezonga y sigue durmiendo.)

MADRE.— Vamos, Pedro, levántate. No querrás estar todo el día en la cama.

PADRE.— Pedro, ¿te levantas ya?

PEDRO.— Sí..., en seguida, papá...

MADRE.— Pero, ¿sabes que te estás volviendo muy perezoso?

PADRE.— Un dormilón, eso es lo que eres. ¿No sabes lo que dice el refrán?

PEDRO.— Claro que lo sé: el que no corre, vuela...

PADRE.— No, ese no.

PEDRO.— Ah, sí: el tiempo es oro...

PADRE.— Yo te diré lo que dice el refrán que se refiere a ti. Dice así: quien duerme, no pesca.

PEDRO.— Ah, no lo sabía...

MADRE.— Y ahora que lo sabes, vamos arriba...

PEDRO.— ¿Así que durmiendo no se pesca nada?... ¿Ni siquiera unos chanquetes?

PADRE.— ¿Y cómo quieres que pesque alguien que duerme?

PEDRO.— Ya, claro, no puede ser...

(Durante todo el día, Pedro medita sobre ese bonito refrán. Piensa en él mientras juega, mientras come y sigue pensando incluso por la noche, cuando es la hora de volver a la cama.)

Vocabulario

rezongar: refunfuñar, gruñir.
chanquete: pez pequeño comestible.

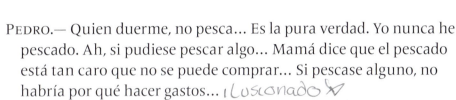

PEDRO.— Quien duerme, no pesca... Es la pura verdad. Yo nunca he pescado. Ah, si pudiese pescar algo... Mamá dice que el pescado está tan caro que no se puede comprar... Si pescase alguno, no habría por qué hacer gastos...

(Después de mucho pensar, Pedro ha llegado a darle vueltas al refrán como si fuese un calcetín...)

PEDRO.— Si quien duerme, no pesca, quien está despierto, pues, puede pescar. ¿Y yo qué hago? Esta noche no duermo. No quiero pegar ojo ni siquiera un minuto. Quiero pescar muchos pescados: un lucio, una anguila, algunas sardinas, una trucha, que a papá le gustan mucho las truchas... Y también un lenguado... Y también... muchos pescados, pues, de todas las clases... ¡Quiero pescar... diez kilos! Así que voy a preparar en seguida la olla para ponerlos dentro...

MADRE.— Pedro, deja esa olla en su sitio. ¿Qué quieres hacer con ella?

PEDRO.— La quiero llevar al cuarto, mamá. ¿Te parece mal?

MADRE.— ¿Una olla?

PEDRO.— Bueno, tal vez un cazo, o si quieres una sartén...

MADRE.— ¡Cielos! ¿Qué es lo que quieres hacer?

PEDRO.— Pero, si ha dicho papá que...

PADRE.— ¿Yo? ¿Yo te he dicho que lleves una olla al cuarto? ¿También te has vuelto mentiroso ahora?

PEDRO.— No... *(lloriquea)* yo no digo mentiras... no las digo nunca, yo...quiero la olla... quiero la olla... *(llora; confusión).*

Gianni RODARI
Juegos de fantasía
Edelvives

Después de leer

LOCALIZO

1. Responde a las siguientes preguntas sobre la lectura.
   - ¿Cuántos personajes intervienen en la escena?
   - ¿Cuánto tiempo transcurre desde el principio de la escena hasta el final?
   - ¿Qué quiere hacer Pedro? ¿Qué es lo que realmente hace?
   - ¿Por qué termina llorando?

2. Localiza en qué parte del texto se habla de las siguientes cosas.
   - Se explica qué es un refrán.
   - Los peces que quiere pescar Pedro.
   - Lo que hace Pedro durante el día.

COMPRENDO

3. En el texto se hace referencia a los refranes y se citan varios. Localízalos, cópialos en tu cuaderno y explica brevemente cuál es su significado.

4. ¿Para qué le dice el padre de Pedro el refrán «quien duerme, no pesca»? ¿Qué quiere que haga?

5. ¿Entiende Pedro lo que le quiere decir su padre con ese refrán? ¿Por qué sabes que no lo ha entendido?

6. En la segunda línea del texto, el autor, entre paréntesis, indica qué tiene que hacer Pedro: «rezonga y sigue durmiendo». Indica dónde se podrían añadir las siguientes instrucciones para estas acciones o emociones que tiene que representar Pedro.
   - Pedro se levanta y se empieza a vestir.
   - Ilusionado.
   - Pensativo.
   - Sorprendido.

7. Aunque no de peces, podemos convertirnos en pescadores de... refranes.
   Investiga por tu cuenta y busca refranes (tres por categoría) que traten sobre:
   - fenómenos meteorológicos
   - profesiones
   - animales
   - cosas que no pueden hacerse a la vez

COMPRENDO

8 Imaginad que os vais a encargar de los decorados para representar esta obra en vuestro centro. Formáis varios grupos para hacer unos bocetos. Estos son los bocetos que han presentado dos grupos. Obsérvalos y luego responde a las preguntas.

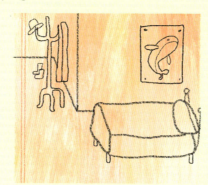

- ¿Cuál de ellos te gusta más?
- ¿Falta algún elemento en alguno de ellos que aparezca en el texto y que sea imprescindible para representar la obra?
- ¿Cuál de ellos te parece, entonces, más acertado para representar la obra?
- ¿Podrías eliminar algo de este boceto?

RELACIONO

9 ♥ Pedro, el niño de la escena teatral, ante el refrán que le comenta su padre para que no sea perezoso, decide ir a pescar… «aunque sea unos chanquetes», dice. Sin duda ignora que el chanquete es un pez que está prohibido pescar en España por estar en peligro de extinción.

- Uno de los problemas medioambientales más graves es el peligro de extinción de algunas especies debido, por ejemplo, a los excesos del consumo. Otros problemas son la contaminación de los mares, el cambio climático, etc. ¿Crees que podemos cambiar nuestros hábitos para intentar mejorar algunos de estos problemas? Debatidlo en clase.

10 ♥ Al final de la escena, el padre no termina de escuchar bien a Pedro y cree que está mintiendo. Entonces Pedro se pone a llorar y dice que nunca miente. ¿Te han acusado alguna vez de hacer algo que no has hecho? ¿Qué hiciste entonces?

11 ♥ En los diálogos teatrales, además de lo que se dice, es especialmente importante cómo se dice: la entonación, el gesto, la intención…

- En pequeños grupos, elegid cada uno un refrán (del texto o de los que habéis buscado) y decidlo con cuatro emociones distintas: miedo, enfado, alegría y tristeza.
- Para representar emociones también podemos emplear el cuerpo mientras hablamos, haciendo gestos, y variar el tono de voz. Recuerda qué gestos hacen los demás o tú mismo cuando sientes estas emociones, y cómo está tu cuerpo (tenso, relajado, encogido, etc.).

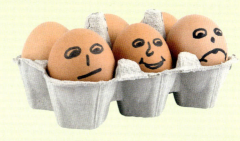

Las preposiciones, las conjunciones y las interjecciones

Hay palabras que sirven para relacionar otras palabras o grupos de ellas; otras, para expresar un sentimiento; y otras, para llamar la atención de alguien.

¡Oh! Ahí llegan Mónica y Sergio en sus bicicletas.
P   S   P

Las preposiciones

Las **preposiciones** son palabras que relacionan palabras o grupos de ellas, de tal manera que una palabra o un grupo de palabras complementa al otro.

Sergio vino **con** Mónica.
Preposición

Una preposición es una palabra invariable; es decir, tiene una única forma que no expresa ni género ni número ni persona.

Las preposiciones *a* y *de* se unen al artículo *el* cuando van delante de este. Al hacerlo, forman los artículos contractos *al* y *del*. Es decir: *al* = *a* + *el*; *del* = *de* + *el*.

Recuerda

Algunas preposiciones son: a, ante, bajo, cabe, con, contra, de, desde, durante, en, entre, hacia, hasta, mediante, para, por, según, sin, so, sobre, tras, versus, vía.

Mañana iremos **al** teatro.
artículo contracto

Las conjunciones

Las **conjunciones** son palabras que relacionan otras palabras, grupos de ellas u oraciones que son independientes entre sí.

Hoy merendé un bocadillo de jamón **y** queso.
conjunción

Recuerda

Se utiliza la conjunción *e* en lugar de *y* cuando la siguiente palabra comienza por *i-* o *hi-*, salvo si lo hace por *hie-*.

Se emplea la conjunción *u* en lugar de *o* cuando la siguiente palabra empieza por *o-* u *ho-*.

CONJUNCIONES		
Copulativas	**Disyuntivas**	**Adversativas**
y, e, ni	o, u	pero, sino

Además, también son conjunciones *si, porque, aunque…*

Las interjecciones

Las **interjecciones** son palabras que equivalen a un enunciado exclamativo y se utilizan para expresar sentimientos, saludar, animar, sorprender, llamar la atención de alguien…: *¡Oh!, ¡Eh!* Una interjección es invariable y se escribe siempre entre signos de exclamación.

1 Copia las palabras que sean preposiciones.

> Los abuelos de Carlos viven en Jaén.

2 Completa en tu cuaderno las oraciones con las preposiciones adecuadas y subraya las palabras que enlazan cada una de ellas.

- Tu billetera está ..... (mediante / sobre) la mesa.
- Mi padre viajó ..... (a / de) Australia el mes pasado.
- Petra compró un regalo ..... (en / para) su tía.
- La profesora cambió el bolígrafo ..... (por / para) una pluma.

3 Completa estas oraciones con las conjunciones *sino*, *e* y *u*. Después, clasifícalas según su tipo.

- ¿Quién será el delegado: Iñaki ..... Óscar?
- Inés compró cerezas ..... higos en la frutería.
- Las pasadas vacaciones no fuimos a la playa, ... a la montaña.

4 Copia este titular y rodea la conjunción.

> La selección española jugará la final con Ricky Rubio, pero sin Marc Gasol

5 Relaciona en tu cuaderno cada interjección con quién la usaría.

| ¡Ay! | Un niño que desea mucho algo. |
| ¡Ojalá! | Una niña que se golpea un pie. |

6 Copia este texto y rodea con distinto color las preposiciones, las conjunciones y las interjecciones.

> «¡Uy! ¡Lee, mamá!», exclamó Pedro. A continuación, le pasó el periódico. En él se informaba de un derrame de petróleo en la costa. Este había afectado a miles de aves y peces.

Las frases hechas y los refranes

Una **frase hecha** o dicho es una expresión de uso habitual que presenta una forma fija y se entiende de manera figurada; es decir, las palabras en conjunto tienen un significado distinto que cada palabra por separado. Por ejemplo, *estar en la Luna* significa 'estar distraído respecto a lo que sucede alrededor'.

Un **refrán** es un dicho de origen popular que transmite una enseñanza. Por ejemplo: *En boca cerrada no entran moscas.*

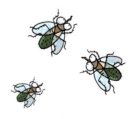

8 Copia el significado correcto de cada una de las siguientes frases hechas.

- Dar la lata: fastidiar / ayudar.
- Ponerse las botas: comer poco / comer mucho.
- Echar una mano: ayudar / escribir a alguien.

9 Relaciona en tu cuaderno y forma refranes. Después, memoriza dos de ellos y dramatiza con un compañero una situación en la que los utilicéis.

- En abril,
- Aprendiz de mucho,
- Al mal tiempo,

- buena cara.
- maestro de nada.
- aguas mil.

Los signos de puntuación III

Se utilizan las **comillas** (« » o " ") para reproducir de forma directa las palabras de una persona. Por ejemplo: *El bombero gritó: «El fuego está completamente controlado»*.

La **raya** (—) es un signo ortográfico más largo que el guion. Se utiliza para introducir una intervención en un diálogo escrito en estilo directo y para separar la intervención de una aclaración que realiza el narrador. Por ejemplo:

El cartero llamó al telefonillo y preguntó:

—¿Es el domicilio de Mónica Pazos?

—Sí, es aquí —respondió Mónica.

—Le traigo una carta certificada —dijo el cartero—. ¿Me abriría, por favor?

Se utilizan los **paréntesis** ( ):

- Para encerrar una aclaración o comentario. Por ejemplo: *Los lémures (una especie de primates) son originarios de Madagascar.*
- Para añadir un dato concreto, como un lugar o una fecha. Por ejemplo: *Marie Curie nació en Varsovia (Polonia).*
- Para encerrar una acotación en una obra de teatro. Por ejemplo: EL ESPÍA.— (*Se esconde tras las cortinas*). *¡Ven aquí para que no nos descubran!*

Recuerda

Se escriben **dos puntos (:)** después de los verbos que introducen las palabras de una persona en un diálogo en estilo directo (*dijo, preguntó, respondió…*).

1 Añade a esta oración las comillas que faltan.

> La abuela dio un beso a su nieta y le dijo: Que duermas bien, cielo.

2 Copia el siguiente texto y complétalo con los signos que faltan.

> Quique se dirigió a la taquilla y preguntó:
> —Disculpe, ¿a qué hora abre el museo?
> —A las 10 respondió la taquillera.
> —Muchas gracias añadió Quique antes de despedirse.

3 Observa el ejemplo y forma, con la siguiente pareja de oraciones, una sola.

- Laura nos visitó ayer. Laura es una prima de mi padre.
  → Laura (una prima de mi padre) nos visitó ayer.
- El puente de la bahía de Hangzhou es el más largo del mundo sobre el mar. La bahía de Hangzhou está en China. → .....

4 Añade una acotación a esta intervención de un diálogo teatral.

> EL ARQUEÓLOGO.— ¡Qué jeroglífico más extraño!

5 Redacta un texto narrativo en el que incluyas diálogos y descripciones. ¡No olvides seguir un orden temporal!

1 Vuelve a leer el texto teatral y responde a las siguientes preguntas.

- ¿Qué personajes intervienen en el fragmento?
- ¿Cuál es la profesión de Leoncio?
- ¿Qué advertencia le hace Fermín?
- ¿Por qué sabes que este fragmento corresponde al principio de un acto?
- Fíjate en las oraciones subrayadas: ¿qué entonación crees que corresponde a los puntos suspensivos y a los signos de exclamación?
- ¿En qué lugar del texto se podría añadir una pausa?

2 Busca en el texto la acotación que aparece en la última intervención de Leoncio y cópiala. Después, explica qué quiere indicar el autor con ella.

3 Fíjate en la ilustración y añade en tu cuaderno, a las intervenciones de Romeo y Julieta, las acotaciones correspondientes.

> ROMEO.— Huir. Tenemos que huir, Julieta.
> JULIETA.— Pero, escaparnos, ¿cómo?

(le dijo susurrando)
(le siguió hablando susurrando)

4 💬 Formad grupos de tres, elegid un personaje de esta pareja y escribid un breve diálogo teatral. Incluid, al menos, dos acotaciones y recursos expresivos como exclamaciones, pausas y puntos suspensivos. Finalmente, memorizadlo y representadlo en clase.

RINCÓN CREATIVO

5 Escribe una obra de teatro sobre unos amigos que están en un castillo encantado. La obra constará de tres actos. Primero, escribe un borrador y explica:

- En qué lugar se desarrollaría la acción de cada acto.
- Qué personajes intervendrían en cada acto.

6 Si tuvieras que actuar en la obra anterior, ¿cómo representarías los sentimientos de los personajes en distintas situaciones?

EL TEXTO ARGUMENTATIVO

Un **texto argumentativo** plantea una idea o tesis sobre un tema y proporciona argumentos, como hechos o razones, para defenderla.

Los argumentos que se aportan para defenderla pueden ser de muchos tipos: hechos, ejemplos concretos, citas de personas de prestigio, etc.

1 ¿Has leído algún texto en el que se defendiese la importancia de alimentarse de forma sana? ¿Qué razones se podrían aportar como argumentos?

2 Lee con atención el siguiente texto argumentativo.

El consumo de bebidas refrescantes

En las sociedades actuales, el consumo de bebidas refrescantes es elevado, sobre todo, entre los jóvenes. A modo de ejemplo, solo en España se producen más de 4500 millones de litros de refrescos al año. Sin embargo, el consumo excesivo de este tipo de bebidas daña la salud.

Introducción: se expone la idea principal que se va a defender.

Aunque estas bebidas están compuestas básicamente de agua, son sus otros ingredientes, como el azúcar, los edulcorantes, la cafeína o el ácido fosfórico, los que representan un riesgo para la salud. Así, por ejemplo, el consumo elevado de azúcar provoca obesidad e incrementa el riesgo de sufrir caries. Basta recordar que una sola lata de refresco contiene hasta el 38 % de azúcar que un adulto necesita por día.

Desarrollo: se dan argumentos o razones que apoyan la idea con claridad y orden.

En conclusión, si una persona consume demasiados refrescos, su salud se verá perjudicada. Por ello, es importante darse cuenta de que una dieta sana y equilibrada implica también una moderación en el consumo de bebidas refrescantes.

Conclusión: se confirma la idea principal.

ANALIZO

Los textos argumentativos resultan útiles para convencer a los demás de algo. Emplear argumentos para defender una idea es una muestra de seriedad y madurez. Se pueden encontrar textos argumentativos en periódicos, revistas, páginas web...

3 Reflexiona.
- ¿De qué tema trata el texto?
- ¿En qué partes está dividido?
- ¿Qué se cuenta en cada parte?

4 Vuelve a leer el texto argumentativo y responde.
- ¿Cuál es la idea o tesis que se plantea en él?
- ¿Qué argumentos se utilizan para defenderla?
- ¿A quién va dirigido el texto? ¿Con qué finalidad se ha escrito?

Escribe un texto argumentativo en el que defiendas una idea u opinión.

PLANIFICO

5 En primer lugar, redacta un guion. Antes de empezar, debes:

- Elegir la idea que vas a defender.
- Seleccionar los argumentos que vas a dar. Busca ejemplos, la opinión de un experto, datos publicados en un libro o página web, los resultados de un estudio científico o una encuesta…
- Elaborar una conclusión.

Puedes tomar como modelo este mapa conceptual y completarlo.

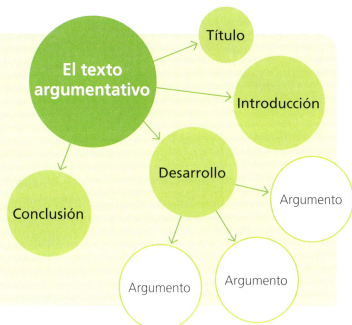

REDACTO

6 Elabora un borrador con los datos de tu guion.

7 Redacta el texto teniendo en cuenta la planificación que has hecho. No olvides cuidar la ortografía y la presentación.

Mejora tu redacción

En un texto argumentativo, es importante **relacionar los argumentos** con las razones o pruebas que se proporcionan y que sean convincentes. Para ello, puedes:

- Utilizar palabras y expresiones como *porque, a causa de, debido a…* para introducir causas y argumentos.
- Usar las expresiones *por tanto, por eso, así pues…* para exponer una conclusión relacionada con los argumentos.

REVISO

8 Relee tu texto y valora en tu cuaderno los siguientes puntos para poder evaluar tu progreso.

9 Luego, intercambiaos los textos y valorad el trabajo de vuestro compañero.

Caligrafía	¿Se entiende la letra?
Ortografía	¿Hay faltas? Corrígelas.
Estructura y redacción	¿Has recurrido a diferentes tipos de argumentos: ejemplos, opiniones expertas, datos concretos…?
	¿Has empleado expresiones para conectar las ideas?
	¿Has realizado un texto coherente? ¿Los argumentos elegidos justifican la idea planteada?
Presentación	¿Has utilizado párrafos para separar las distintas partes del texto argumentativo?
	¿El título destaca y se corresponde con el texto?

¡INOLVIDABLE!

«El último jueves hablé con algunos de ustedes de la máquina del tiempo; y se la mostré, tal como estaba, en mi taller. Allí se encuentra de nuevo, con alguna pieza rota, pero razonablemente bien. Terminé de ajustarla esta mañana. Exactamente a las diez, me senté en ella. Tiré del comando de arranque y la máquina se estremeció. Miré alrededor y el cuarto estaba igual, nada había cambiado… excepto que el reloj marcaba las tres y media. Tiré entonces de la palanca con más fuerza y partí con un crujido. Vi a mi vieja criada cruzar el cuarto a la velocidad de un cohete, aunque probablemente demoró un minuto en atravesarlo.

Se hizo la noche como si hubieran apagado las velas de un soplido y, casi de inmediato, amaneció. La sucesión de días y noches adquirió enseguida una velocidad que era difícil de soportar. Tenía la sensación de estar en una montaña rusa, algo así como caer de cabeza. Día y noche se fundieron en un gris continuo y el Sol atravesaba el cielo como un cometa, hasta formar un arco brillante en el espacio».

H. G. Wells

1. ¿Qué sucedió cuando el protagonista puso en marcha la máquina?
   - Viajó a otro lugar.
   - Viajó en el tiempo.
   - Nada.

2. Señala si las siguientes afirmaciones son verdaderas o falsas.
   - La máquina hacía que el tiempo pasara más rápido.
   - Nadie conocía la existencia de la máquina del tiempo, excepto el propio protagonista.

3. Copia las palabras de esta oración que sean preposiciones.

   > Exactamente a las diez, me senté en ella.

4. Completa en tu cuaderno estas oraciones con la conjunción: **o, e, u** o **pero**. Después, escribe de qué tipo es cada una de ellas.
   - El viaje en el tiempo me gustó, ... también pasé miedo.
   - No lo sé, el viaje duró dos ...... tres horas.

5. Copia las palabras que sean interjecciones y rodea la que exprese sorpresa.

   ¡aquí!   ¡bah!   cuatro días   ¡uy!

6. Copia la siguiente oración y subraya la frase hecha que incluye:

   No es aconsejable hacer los deberes deprisa y corriendo.

7. Finaliza este refrán con la opción correcta: **Al que madruga,**

   le viene sueño   Dios lo ayuda

8. Añade a esta oración las comillas que faltan: **Al salir de la máquina exclamó: ¡Esto es increíble!**

9. Copia esta intervención de un diálogo y complétala con los signos que faltan.

   ¿Volverás a viajar con la máquina? le preguntó un amigo.

10. Escribe los paréntesis donde corresponda en la siguiente oración: **El próximo verano iremos de vacaciones a Gijón Asturias.**

TIENES EL PODER

11. 💬 Debatid en clase dónde es mejor pasar las vacaciones: en la ciudad, en la montaña o en la playa.

12. 🔊 Escucha y copia el dictado en tu cuaderno.

13. Escribe un texto argumentativo sobre la necesidad o no de protegerse del sol y el calor en verano.

14. En grupo, buscad y elegid una obra de teatro. Después, seleccionad un fragmento, memorizadlo y representadlo en clase.

ENTRENAMIENTO DE EQUIPO

Jugando con las palabras

Para comprender un texto son necesarias varias cosas. Una de ellas es aprender a resumir.

1 Leed el siguiente texto con la estructura **Lectura compartida**.

Holi, el festival indio de los colores

[...] En la India, cada año **se recibe a la primavera** de esta divertida forma. No solo se **celebra el cambio de estación;** también, según el hinduismo, **la victoria del bien sobre el mal.** Y, a pesar de que el **festival** se originó en la **India** y se celebra ampliamente allí, se ha adoptado en distintos lugares de Europa y América. [...]

Las **celebraciones** por el festival *Holi* **comienzan en la noche de luna llena** que viene con el *Phalguna*, el undécimo mes del calendario hindú **(entre finales de febrero y mediados de marzo)**, y continúa hasta el día siguiente. La **primera noche**, se conoce como **Holika Dahan**, o **Chhoti Holi**, y se celebra **alrededor de una hoguera** para simbolizar la victoria del bien sobre el mal. El **siguiente día** es el famoso *Holi*, o *Rangwali Holi*. Sí; **cuando se lanza el polvo de colores**, conocido como el *gulal*. Los **cuatro colores principales** representan diferentes conceptos: el **rojo** refleja el amor y la fertilidad, el **azul** es el color de Krishna, el **amarillo** es el color de la cúrcuma y el **verde** simboliza la primavera y los nuevos comienzos.

Históricamente, el *gulal* estaba hecho de cúrcuma, pasta y extractos de flores; pero los últimos años se vinieron usando versiones sintéticas perjudiciales para la salud, por lo que ahora, distintas asociaciones están potenciando el uso del *gulal* natural producido a partir de los pétalos abandonados en los templos y santuarios.

El origen mítico del festival *Holi*

Las diferentes celebraciones de *Holi* provienen de varias leyendas hindúes. Hay dos que son las más conocidas.

[Una] de las leyendas del festival *Holi* hace referencia a la historia de amor de Radha y Krishna. Krishna preguntó a su madre, Yashoda, a qué era debido que Radha tuviera la piel blanca y la suya, en cambio, fuera tan oscura. Y Yashoda le contestó que para no sentir celos del color de Radha una solución podía ser la de pintarle el rosto con colores oscuros. Así, los dos enamorados serían iguales. Como Krishna le hizo caso, desde entonces todos los enamorados se pintan la cara con los colores del *Holi*.

José Alejandro Adamuz

TERCER TRIMESTRE / 253

2 Con la técnica del **Folio giratorio,** responded a las siguientes preguntas.

- ¿Cuál es el tema del texto?
- Buscad en el diccionario la palabra *cúrcuma* y copiad la información sobre el tipo de palabra que es y de dónde procede.
- ¿Por qué se está cambiando la forma de elaborar el *gulal*?
- ¿Cuál es la relación entre Krishna y Yashoda?
- ¿Por qué crees que el color que se relaciona con Krishna es el azul?

3 En el texto se habla de los colores y de sus significados. A cada color se le asocia una idea: rojo, amor; verde, primavera, etc. Con la estructura del **Folio giratorio,** completad el campo semántico de los colores asociando a cada uno de ellos una idea.

4 Con la estructura **1-2-4,** escribid verbos que procedan de los siguientes colores.

blanco	amarillo	negro

rojo	verde	morado

5 La fiesta del *Holi* celebra la llegada de la primavera. Existen muchos refranes relacionados con las estaciones. Con la estructura **Números iguales juntos,** investigad y recopilad refranes sobre cada estación y explicad qué quieren decir exactamente.

6 Con la estructura del **Folio giratorio,** escribid el campo semántico de las estaciones. Podéis utilizar las palabras que hayáis encontrado en el texto sobre el *Holi* y en los refranes recopilados en la actividad anterior.

7 En el texto están resaltadas las ideas principales de los dos primeros párrafos. A partir de ellas, con la estructura **1-2-4,** escribid el resumen de esos dos párrafos. Después, copiad las ideas principales del resto de los párrafos y elaborad el resumen de los mismos a partir de ellas.

8 Con la estructura **Mejor entre todos,** escribid otro título para el texto que refleje los significados de este festival.

9 💬 Con la estructura **Trabajo por parejas,** explicad oralmente vuestra experiencia personal en alguna fiesta de vuestra localidad a la que hayáis acudido. Preparad primero un guion para hacerlo. Fijaos en la información que se proporciona de la fiesta en los dos primeros párrafos del texto sobre el *Holi*.

¡A PRUEBA!

VERANO 2019
Campamento Vera del Molino
Actividades educativas del campamento

Del 1 al 14 de julio
Lunes, martes, jueves y viernes
10:00 h y 11:30 h
Las aventuras de Kariza
Taller de cuentos y música de África
Duración: 60 minutos

Del 1 al 21 de julio
10:00 h y 11:30 h
Visita-taller a la exposición *Le Corbusier*
Actividad que, a partir del diálogo,
plantea el juego entre el educador y los niños
Duración: 90 minutos

Del 22 al 26 de julio
10:00 h y 11:30 h
Tiritirán
Taller
Duración: 90 minutos

Días 7, 14 y 21 de julio
11:30 h
Benjamín y el castillo del silencio
Espectáculo de cuentos musicales
Duración: 60 minutos

Del 22 al 28 de julio
10:00 h y 11:30 h
Dale la vuelta
Taller en torno a la exposición
Inventos. Ideas que cambian vidas
Duración: 90 minutos

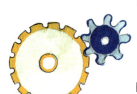

Del 1 al 21 de julio
10:30 h y 11:30 h
Clónicos urbanos
Taller
Duración: 60 minutos

Muy importante

El plazo para entregar la inscripción y la autorización finaliza el 24 de junio.

Todos los acampados tienen que llevar la fotocopia de la autorización y de la tarjeta sanitaria.

Las plazas son limitadas: se admitirán a los interesados según riguroso orden de inscripción y hasta un total de 50 chicos y chicas de edades comprendidas entre 8 y 17 años.
La actividad dispone de un seguro que cubre a todos los acampados.

Material recomendado

- Macuto.
- Ropa y calzado deportivos.
- Útiles de aseo.
- Chanclas para la ducha.
- Pomada contra picaduras.
- Linterna.
- Gorra.
- Crema solar.

Se aconseja no llevar teléfonos móviles ni aparatos electrónicos. No son necesarios en una actividad de tiempo libre.

Salida desde Cáceres (plaza del ayuntamiento) el día **2 de julio** a las 11 horas.

Llegada a Cáceres (plaza del ayuntamiento) el día **26 de julio** a las 18:30 horas.

www.agendacentrosobrasociallacaixa.es

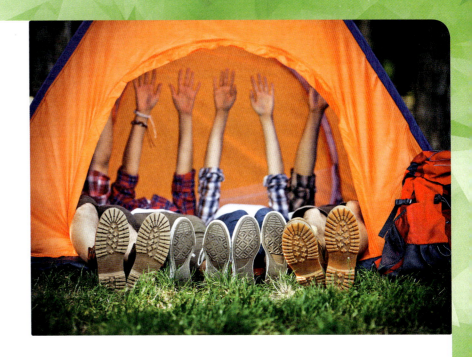

1. Si fueras tú al campamento, ¿dónde tendrías que acudir? ¿A qué hora?

2. Si tuvieras 7 años, ¿podrías apuntarte al campamento? ¿Por qué?

3. ¿Cuál es la información principal que se presenta en el programa?
   - El material recomendado del campamento.
   - El campamento de Vera del Molino.
   - El programa de actividades de verano.
   - Las fechas para apuntarse al campamento.

4. ¿Cuál es la finalidad de este programa de actividades?

5. ¿Qué significa la palabra **macuto**? Elige un sinónimo.
   - Maleta.
   - Mochila.
   - Manta.
   - Camiseta.

6. ¿Qué quiere decir que se admitirá a los interesados según «riguroso orden de inscripción»?

7. ¿A qué hora llegarán los acampados a su regreso del campamento? ¿Dónde lo harán?

8. ¿Qué es imprescindible que lleven todos los participantes al campamento?
   - Ficha de inscripción.
   - Linterna y crema solar.
   - Fotocopia de la autorización y de la tarjeta sanitaria.
   - Teléfono móvil.

9. ¿Por qué crees que es aconsejable no llevar teléfono móvil a un campamento? ¿Tú lo llevarías? Explica tu respuesta.

10. ¿Cuál de las actividades presentadas en el cartel te gusta más? ¿Y menos? Explica por qué.

11. Si pudieras añadir una actividad al programa, ¿cuál sería? ¿Por qué? Redacta la propuesta de tu actividad como los ejemplos que aparecen en el cartel, indicando título, descripción y duración.

12. ¿En qué consiste el espectáculo de cuentos musicales *Las aventuras de Kariza*?

¡A PRUEBA!

13 Lee y completa en tu cuaderno los datos de esta ficha.

FICHA DE INSCRIPCIÓN

APELLIDOS*: _____

NOMBRE*: _____

DIRECCIÓN: _____

FECHA DE NACIMIENTO: _____ CÓDIGO POSTAL: _____

LOCALIDAD: _____ TELÉFONO: _____

CORREO ELECTRÓNICO: _____

CENTRO DE ESTUDIOS: _____

DATOS SANITARIOS

¿TOMA ALGÚN MEDICAMENTO? _____

¿HA PADECIDO ALGUNA ENFERMEDAD QUE DEBA MENCIONARSE?

_____

_____

¿PADECE ALGÚN TIPO DE ALERGIA? SI ES ASÍ, ESCRIBE CUÁL.

_____

_____

Los datos marcados con asterisco (*) son obligatorios.

ENVIAR POR CORREO ELECTRÓNICO A: POR CORREO ORDINARIO A:
campamentosverano@gmail.com   Calle Hornos 45, 10003-Cáceres

http://papirola.es

14 ¿Para qué hay que rellenar la ficha de inscripción que aparece en la página anterior?

- Para ir de excursión en verano.
- Para inscribirse en un campamento.
- Para pagar el campamento.
- Para informar sobre el campamento.

15 Fíjate en la primera parte de la ficha de inscripción: ¿qué es el correo ordinario? ¿Dónde tendrías que dirigirte para enviar una carta?

16 ¿Cuáles son los datos obligatorios en la ficha de inscripción? ¿De qué forma los señala el texto?

17 ¿Para qué consideras que es importante tener en cuenta los datos sanitarios de los acampados?

- Para comunicárselo a los compañeros.
- Para participar en un taller.
- Para ir de excursión.
- Para estar informados de la salud de los niños.

18 Si no rellenases los apartados que no están marcados con asterisco, ¿se admitiría tu ficha de inscripción? Explica por qué.

¿Qué es un mediador?

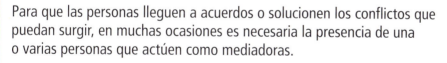

Para que las personas lleguen a acuerdos o solucionen los conflictos que puedan surgir, en muchas ocasiones es necesaria la presencia de una o varias personas que actúen como mediadoras.

La función principal del mediador es escuchar lo que cada uno quiere y ayudar a encontrar una solución con la que todos estén satisfechos («yo gano – tú ganas»).

19 Para aprender a hacer de mediador, realiza esta actividad.

- En grupo, pensad en una situación de desacuerdo y en cómo la arreglaríais como mediadores. Después, describidla.
- Repartid los papeles: quienes están en desacuerdo y el que tiene que mediar.
- Representad la situación ante el resto de la clase.

LA CONJUGACIÓN VERBAL

Cantar (1.ª conjugación)

Formas no personales

Infinitivo	Participio	Gerundio	Infinitivo compuesto	Gerundio compuesto
cantar	cantado	cantando	haber cantado	habiendo cantado

Indicativo

Formas simples

Presente	Pretérito perfecto simple	Pretérito imperfecto	Futuro simple	Condicional simple
canto	canté	cantaba	cantaré	cantaría
cantas	cantaste	cantabas	cantarás	cantarías
canta	cantó	cantaba	cantará	cantaría
cantamos	cantamos	cantábamos	cantaremos	cantaríamos
cantáis	cantasteis	cantabais	cantaréis	cantaríais
cantan	cantaron	cantaban	cantarán	cantarían

Formas compuestas

Pretérito perfecto compuesto	Pretérito anterior	Pretérito pluscuamperfecto	Futuro compuesto	Condicional compuesto
he cantado	hube cantado	había cantado	habré cantado	habría cantado
has cantado	hubiste cantado	habías cantado	habrás cantado	habrías cantado
ha cantado	hubo cantado	había cantado	habrá cantado	habría cantado
hemos cantado	hubimos cantado	habíamos cantado	habremos cantado	habríamos cantado
habéis cantado	hubisteis cantado	habíais cantado	habréis cantado	habríais cantado
han cantado	hubieron cantado	habían cantado	habrán cantado	habrían cantado

Subjuntivo

Formas simples

Presente	Pretérito imperfecto	Futuro simple
cante	cantara o cantase	cantare
cantes	cantaras o cantases	cantares
cante	cantara o cantase	cantare
cantemos	cantáramos o cantásemos	cantáremos
cantéis	cantarais o cantaseis	cantareis
canten	cantaran o cantasen	cantaren

Formas compuestas

Pretérito perfecto compuesto	Pretérito pluscuamperfecto
haya cantado	hubiera o hubiese cantado
hayas cantado	hubieras o hubieses cantado
haya cantado	hubiera o hubiese cantado
hayamos cantado	hubiéramos o hubiésemos cantado
hayáis cantado	hubierais o hubieseis cantado
hayan cantado	hubieran o hubiesen cantado

Futuro compuesto

hubiere cantado
hubieres cantado
hubiere cantado
hubiéremos cantado
hubiereis cantado
hubieren cantado

Imperativo

canta
cantad
cante
canten

Comer (2.ª conjugación)

Formas no personales

Infinitivo	Participio	Gerundio	Infinitivo compuesto	Gerundio compuesto
comer	comido	comiendo	haber comido	habiendo comido

Indicativo

Formas simples

Presente	Pretérito perfecto simple	Pretérito imperfecto	Futuro simple	Condicional simple
como	comí	comía	comeré	comería
comes	comiste	comías	comerás	comerías
come	comió	comía	comerá	comería
comemos	comimos	comíamos	comeremos	comeríamos
coméis	comisteis	comíais	comeréis	comeríais
comen	comieron	comían	comerán	comerían

Formas compuestas

Pretérito perfecto compuesto	Pretérito anterior	Pretérito pluscuamperfecto	Futuro compuesto	Condicional compuesto
he comido	hube comido	había comido	habré comido	habría comido
has comido	hubiste comido	habías comido	habrás comido	habrías comido
ha comido	hubo comido	había comido	habrá comido	habría comido
hemos comido	hubimos comido	habíamos comido	habremos comido	habríamos comido
habéis comido	hubisteis comido	habíais comido	habréis comido	habríais comido
han comido	hubieron comido	habían comido	habrán comido	habrían comido

Subjuntivo

Formas simples

Presente	Pretérito imperfecto	Futuro simple
coma	comiera o comiese	comiere
comas	comieras o comieses	comieres
coma	comiera o comiese	comiere
comamos	comiéramos o comiésemos	comiéremos
comáis	comierais o comieseis	comiereis
coman	comieran o comiesen	comieren

Formas compuestas

Pretérito perfecto compuesto	Pretérito pluscuamperfecto
haya comido	hubiera o hubiese comido
hayas comido	hubieras o hubieses comido
haya comido	hubiera o hubiese comido
hayamos comido	hubiéramos o hubiésemos comido
hayáis comido	hubierais o hubieseis comido
hayan comido	hubieran o hubiesen comido

Futuro compuesto

hubiere comido
hubieres comido
hubiere comido
hubiéremos comido
hubiereis comido
hubieren comido

Imperativo

come
comed
coma
coman

LA CONJUGACIÓN VERBAL

Vivir (3.ª conjugación)

Formas no personales

Infinitivo	Participio	Gerundio	Infinitivo compuesto	Gerundio compuesto
vivir	vivido	viviendo	haber vivido	habiendo vivido

Indicativo

Formas simples

Presente	Pretérito perfecto simple	Pretérito imperfecto	Futuro simple	Condicional simple
vivo	viví	vivía	viviré	viviría
vives	viviste	vivías	vivirás	vivirías
vive	vivió	vivía	vivirá	viviría
vivimos	vivimos	vivíamos	viviremos	viviríamos
vivís	vivisteis	vivíais	viviréis	viviríais
viven	vivieron	vivían	vivirán	vivirían

Formas compuestas

Pretérito perfecto compuesto	Pretérito anterior	Pretérito pluscuamperfecto	Futuro compuesto	Condicional compuesto
he vivido	hube vivido	había vivido	habré vivido	habría vivido
has vivido	hubiste vivido	habías vivido	habrás vivido	habrías vivido
ha vivido	hubo vivido	había vivido	habrá vivido	habría vivido
hemos vivido	hubimos vivido	habíamos vivido	habremos vivido	habríamos vivido
habéis vivido	hubisteis vivido	habíais vivido	habréis vivido	habríais vivido
han vivido	hubieron vivido	habían vivido	habrán vivido	habrían vivido

Subjuntivo

Formas simples

Presente	Pretérito imperfecto	Futuro simple
viva	viviera o viviese	viviere
vivas	vivieras o vivieses	vivieres
viva	viviera o viviese	viviere
vivamos	viviéramos o viviésemos	viviéremos
viváis	vivierais o vivieseis	viviereis
vivan	vivieran o viviesen	vivieren

Formas compuestas

Pretérito perfecto compuesto	Pretérito pluscuamperfecto
haya vivido	hubiera o hubiese vivido
hayas vivido	hubieras o hubieses vivido
haya vivido	hubiera o hubiese vivido
hayamos vivido	hubiéramos o hubiésemos vivido
hayáis vivido	hubierais o hubieseis vivido
hayan vivido	hubieran o hubiesen vivido

Futuro compuesto

hubiere vivido
hubieres vivido
hubiere vivido
hubiéremos vivido
hubiereis vivido
hubieren vivido

Imperativo

vive
vivid
viva
vivan

Haber (auxiliar)

Formas no personales

Infinitivo	Participio	Gerundio	Infinitivo compuesto	Gerundio compuesto
haber	habido	habiendo	haber habido	habiendo habido

Indicativo

Formas simples

Presente	Pretérito perfecto simple	Pretérito imperfecto	Futuro simple	Condicional simple
he	hube	había	habré	habría
has	hubiste	habías	habrás	habrías
ha / hay (imp.)	hubo	había	habrá	habría
hemos	hubimos	habíamos	habremos	habríamos
habéis	hubisteis	habíais	habréis	habríais
han	hubieron	habían	habrán	habrían

Formas compuestas

Pretérito perfecto compuesto	Pretérito anterior	Pretérito pluscuamperfecto	Futuro compuesto	Condicional compuesto
he habido	hube habido	había habido	habré habido	habría habido
has habido	hubiste habido	habías habido	habrás habido	habrías habido
ha habido	hubo habido	había habido	habrá habido	habría habido
hemos habido	hubimos habido	habíamos habido	habremos habido	habríamos habido
habéis habido	hubisteis habido	habíais habido	habréis habido	habríais habido
han habido	hubieron habido	había habido	habrán habido	habrían habido

Subjuntivo

Formas simples

Presente	Pretérito imperfecto	Futuro simple
haya	hubiera o hubiese	hubiere
hayas	hubieras o hubieses	hubieres
haya	hubiera o hubiese	hubiere
hayamos	hubiéramos o hubiésemos	hubiéremos
hayáis	hubierais o hubieseis	hubiereis
hayan	hubieran o hubiesen	hubieren

Formas compuestas

Pretérito perfecto compuesto	Pretérito pluscuamperfecto
haya habido	hubiera o hubiese habido
hayas habido	hubieras o hubieses habido
haya habido	hubiera o hubiese habido
hayamos habido	hubiéramos o hubiésemos habido
hayáis habido	hubierais o hubieseis habido
hayan habido	hubieran o hubiesen habido

Futuro compuesto

hubiere habido
hubieres habido
hubiere habido
hubiéremos habido
hubiereis habido
hubieren habido

Imperativo

he
habed
haya
hayan

LA CONJUGACIÓN VERBAL

Estar (1.ª conjugación)

Formas no personales

Infinitivo	Participio	Gerundio	Infinitivo compuesto	Gerundio compuesto
estar	estado	estando	haber estado	habiendo estado

Indicativo

Formas simples

Presente	Pretérito perfecto simple	Pretérito imperfecto	Futuro simple	Condicional simple
estoy	estuve	estaba	estaré	estaría
estás	estuviste	estabas	estarás	estarías
está	estuvo	estaba	estará	estaría
estamos	estuvimos	estábamos	estaremos	estaríamos
estáis	estuvisteis	estabais	estaréis	estaríais
están	estuvieron	estaban	estarán	estarían

Formas compuestas

Pretérito perfecto compuesto	Pretérito anterior	Pretérito pluscuamperfecto	Futuro compuesto	Condicional compuesto
he estado	hube estado	había estado	habré estado	habría estado
has estado	hubiste estado	habías estado	habrás estado	habrías estado
ha estado	hubo estado	había estado	habrá estado	habría estado
hemos estado	hubimos estado	habíamos estado	habremos estado	habríamos estado
habéis estado	hubisteis estado	habíais estado	habréis estado	habríais estado
han estado	hubieron estado	habían estado	habrán estado	habrían estado

Subjuntivo

Formas simples

Presente	Pretérito imperfecto	Futuro simple
esté	estuviera o estuviese	estuviere
estés	estuvieras o estuvieses	estuvieres
esté	estuviera o estuviese	estuviere
estemos	estuviéramos o estuviésemos	estuviéremos
estéis	estuvierais o estuvieseis	estuviereis
estén	estuvieran o estuviesen	estuvieren

Formas compuestas

Pretérito perfecto compuesto	Pretérito pluscuamperfecto
haya estado	hubiera o hubiese estado
hayas estado	hubieras o hubieses estado
haya estado	hubiera o hubiese estado
hayamos estado	hubiéramos o hubiésemos estado
hayáis estado	hubierais o hubieseis estado
hayan estado	hubieran o hubiesen estado

Futuro compuesto

hubiere estado
hubieres estado
hubiere estado
hubiéremos estado
hubiereis estado
hubieren estado

Imperativo

está
estad
esté
estén

Andar (1.ª conjugación)

Formas no personales

Infinitivo	Participio	Gerundio	Infinitivo compuesto	Gerundio compuesto
andar	andado	andando	haber andado	habiendo andado

Indicativo

Formas simples

Presente	Pretérito perfecto simple	Pretérito imperfecto	Futuro simple	Condicional simple
ando	anduve	andaba	andaré	andaría
andas	anduviste	andabas	andarás	andarías
anda	anduvo	andaba	andará	andaría
andamos	anduvimos	andábamos	andaremos	andaríamos
andáis	anduvisteis	andabais	andaréis	andaríais
andan	anduvieron	andaban	andarán	andarían

Formas compuestas

Pretérito perfecto compuesto	Pretérito anterior	Pretérito pluscuamperfecto	Futuro compuesto	Condicional compuesto
he andado	hube andado	había andado	habré andado	habría andado
has andado	hubiste andado	habías andado	habrás andado	habrías andado
ha andado	hubo andado	había andado	habrá andado	habría andado
hemos andado	hubimos andado	habíamos andado	habremos andado	habríamos andado
habéis andado	hubisteis andado	habíais andado	habréis andado	habríais andado
han andado	hubieron andado	habían andado	habrán andado	habrían andado

Subjuntivo

Formas simples

Presente	Pretérito imperfecto	Futuro simple
ande	anduviera o anduviese	anduviere
andes	anduvieras o anduvieses	anduvieres
ande	anduviera o anduviese	anduviere
andemos	anduviéramos o anduviésemos	anduviéremos
andéis	anduvierais o anduvieseis	anduviereis
anden	anduvieran o anduviesen	anduvieren

Formas compuestas

Pretérito perfecto compuesto	Pretérito pluscuamperfecto
haya andado	hubiera o hubiese andado
hayas andado	hubieras o hubieses andado
haya andado	hubiera o hubiese andado
hayamos andado	hubiéramos o hubiésemos andado
hayáis andado	hubierais o hubieseis andado
hayan andado	hubieran o hubiesen andado

Futuro compuesto

hubiere andado
hubieres andado
hubiere andado
hubiéremos andado
hubiereis andado
hubieren andado

Imperativo

anda
andad
ande
anden

LA CONJUGACIÓN VERBAL

Caber (2.ª conjugación)

Formas no personales

Infinitivo	Participio	Gerundio	Infinitivo compuesto	Gerundio compuesto
caber	cabido	cabiendo	haber cabido	habiendo cabido

Indicativo

Formas simples

Presente	Pretérito perfecto simple	Pretérito imperfecto	Futuro simple	Condicional simple
quepo	cupe	cabía	cabré	cabría
cabes	cupiste	cabías	cabrás	cabrías
cabe	cupo	cabía	cabrá	cabría
cabemos	cupimos	cabíamos	cabremos	cabríamos
cabéis	cupisteis	cabíais	cabréis	cabríais
caben	cupieron	cabían	cabrán	cabrían

Formas compuestas

Pretérito perfecto compuesto	Pretérito anterior	Pretérito pluscuamperfecto	Futuro compuesto	Condicional compuesto
he cabido	hube cabido	había cabido	habré cabido	habría cabido
has cabido	hubiste cabido	habías cabido	habrás cabido	habrías cabido
ha cabido	hubo cabido	había cabido	habrá cabido	habría cabido
hemos cabido	hubimos cabido	habíamos cabido	habremos cabido	habríamos cabido
habéis cabido	hubisteis cabido	habíais cabido	habréis cabido	habríais cabido
han cabido	hubieron cabido	habían cabido	habrán cabido	habrían cabido

Subjuntivo

Formas simples

Presente	Pretérito imperfecto	Futuro simple
quepa	cupiera o cupiese	cupiere
quepas	cupieras o cupieses	cupieres
quepa	cupiera o cupiese	cupiere
quepamos	cupiéramos o cupiésemos	cupiéremos
quepáis	cupierais o cupieseis	cupiereis
quepan	cupieran o cupiesen	cupieren

Formas compuestas

Pretérito perfecto compuesto	Pretérito pluscuamperfecto
haya cabido	hubiera o hubiese cabido
hayas cabido	hubieras o hubieses cabido
haya cabido	hubiera o hubiese cabido
hayamos cabido	hubiéramos o hubiésemos cabido
hayáis cabido	hubierais o hubieseis cabido
hayan cabido	hubieran o hubiesen cabido

Futuro compuesto
hubiere cabido
hubieres cabido
hubiere cabido
hubiéremos cabido
hubiereis cabido
hubieren cabido

Imperativo

cabe
cabed
quepa
quepan

Ir (3.ª conjugación)

Formas no personales

Infinitivo	Participio	Gerundio	Infinitivo compuesto	Gerundio compuesto
ir	ido	yendo	haber ido	habiendo ido

Indicativo

Formas simples

Presente	Pretérito perfecto simple	Pretérito imperfecto	Futuro simple	Condicional simple
voy	fui	iba	iré	iría
vas	fuiste	ibas	irás	irías
va	fue	iba	irá	iría
vamos	fuimos	íbamos	iremos	iríamos
vais	fuisteis	ibais	iréis	iríais
van	fueron	iban	irán	irían

Formas compuestas

Pretérito perfecto compuesto	Pretérito anterior	Pretérito pluscuamperfecto	Futuro compuesto	Condicional compuesto
he ido	hube ido	había ido	habré ido	habría ido
has ido	hubiste ido	habías ido	habrás ido	habrías ido
ha ido	hubo ido	había ido	habrá ido	habría ido
hemos ido	hubimos ido	habíamos ido	habremos ido	habríamos ido
habéis ido	hubisteis ido	habíais ido	habréis ido	habríais ido
han ido	hubieron ido	habían ido	habrán ido	habrían ido

Subjuntivo

Formas simples

Presente	Pretérito imperfecto	Futuro simple
vaya	fuera o fuese	fuere
vayas	fueras o fueses	fueres
vaya	fuera o fuese	fuere
vayamos	fuéramos o fuésemos	fuéremos
vayáis	fuerais o fueseis	fuereis
vayan	fueran o fuesen	fueren

Formas compuestas

Pretérito perfecto compuesto	Pretérito pluscuamperfecto
haya ido	hubiera o hubiese ido
hayas ido	hubieras o hubieses ido
haya ido	hubiera o hubiese ido
hayamos ido	hubiéramos o hubiésemos ido
hayáis ido	hubierais o hubieseis ido
hayan ido	hubieran o hubiesen ido

Futuro compuesto

hubiere ido
hubieres ido
hubiere ido
hubiéremos ido
hubiereis ido
hubieren ido

Imperativo

ve
id
vaya
vayan

BIBLIOGRAFÍA

Primer trimestre

Alberti, R.: «El mar. La mar», en *Huerto del Limonar. Poetas del 27* (selecc. de A. Pelegrín), Edelvives, Zaragoza, 2007.

Altolaguirre, M.: «Lluvia» y «Playa», en *Huerto del Limonar. Poetas del 27* (selecc. de A. Pelegrín), Edelvives, Zaragoza, 2007.

Canosa, O.: *El islote de los perros*, Edelvives, Zaragoza, 2017.

Cervantes, M. de: *El caballero don Quijote* (adapt. C. Jiménez de Cisneros), Edelvives, Zaragoza, 2004.

— *Poesía de la Edad de Oro I*, Castalia, Madrid, 2011.

Cuesta, E.: *Palabras curiosas*, Edelvives, Zaragoza, 2002.

Dahl, R.: *Matilda*, Alfaguara, Madrid, 2017.

Darío, R.: «Autumnal», en *Una sed de ilusiones infinita*. Antología (selecc. de L. Muñoz), Edelvives, Zaragoza, 2010.

«Eres alta y delgada» [en línea]: http://www.elhuevodechocolate.com/cancion/cancion28.htm, consultado el 21 de marzo de 2018.

García Lorca, F.:«Preciosa y el aire», en *Obras I. Poesía 1*, Akal, Madrid, 2008.

Gómez, R.: *El hermano secreto de Caperucita Erre*, Edelvives, Zaragoza, 2012.

Hernández, M.: «El sol, la rosa y el niño» y «Nanas de la cebolla», en *El silbo del dale*. Antología (selecc. de Juan Nieto Marín), Edelvives, Zaragoza, 2009.

Jiménez, J. R.: «Balada de la amapola» y «Balada triste del pájaro de agua», en *Verde, verderol. Antología de verso y prosa* (selecc. de Nemesio Martín Santamaría), Edelvives, Zaragoza, 2011.

«Las «vacaciones en paz» de niños saharauis en España languidecen» [en línea]: https://elpais.com/elpais/2017/08/10/planeta_futuro/1502363448_353086.html, consultado el 21 de marzo de 2018.

«Lenguas en peligro de extinción» [en línea]: http://www.nationalgeographic.com.es/mundo-ng/grandes-reportajes/lenguas-peligro-extincion_6174/33, consultado el 21 de marzo de 2018.

León Maroto, C.: *Frases ingeniosas*, Edelvives, Zaragoza, 2004.

«Leyenda de Hercules y Caco» [en línea]: http://www.visitaporelmoncayo.com/2013/02/leyenda-de-hercules-y-caco.html, consultado el 21 de marzo del 2018.

London, J.: *Colmillo Blanco*, Sol90, Barcelona, 2008.

Machado, A.: «A un olmo viejo», en *Poesías completas*, Espasa-Calpe, Barcelona, 1999.

— «He vuelto a ver los álamos dorados», en *Por caminos y cantares*, Edelvives, Zaragoza, 2008.

Martí, J.: «Cultivo una rosa blanca», en *Ismaelillo-Versos libres–Versos sencillos*, Cátedra, Madrid, 2000.

Moreno Villa, J.: «Canción del gris y morado», en *Huerto del Limonar. Poetas del 27* (selecc. de A. Pelegrín), Edelvives, Zaragoza, 2007.

Moure, G.: *Los gigantes de la luna*, Edelvives, Zaragoza, 2003.

Neruda, P.: *Obras completas II*, RBA, Barcelona, 2005.

Prados, E.: «Tres golpes en la madrugada», en *Huerto del Limonar. Poetas del 27* (selecc. de Ana Pelegrín), Edelvives, Zaragoza, 2007.

Sánchez Ferlosio, R.: *Industrias y andanzas de Alfanhuí*, Madrid, Crítica.

Sanz, I.: *El hombre que abrazaba a los árboles*, Edelvives, Zaragoza, 2013.

Torres Blandina, A.: *El aprendiz de héroe*, Edelvives, Zaragoza, 2009.

Unesco: «El silbo gomero, lenguaje silbado de la isla de La Gomera (Islas Canarias)» [en línea]: https://ich.unesco.org/es/RL/el-silbo-gomero-lenguaje-silbado-de-la-isla-de-la-gomera-islas-canarias-00172, consultado el 21 de marzo de 2018.

Zubizarreta, P.: *El maravilloso viaje de Xía Tenzin*, Edelvives, Zaragoza, 2009.

Segundo trimestre

Andersen, H. Ch.: *El jardinero y el señor* (fragmento) [en línea], http://www.ciudadseva.com/textos/cuentos/euro/andersen/el_jardinero_y_el_senor.htm, consultado el 22 de marzo de 2018.

«Andrea Motis: Ese raro instrumento» [en línea], http://www.duendemad.com/es/n-151-el-libro-blanco-y-negro-del-jazz/andrea-motis-ese-raro-instrumento, consultado el 21 de marzo de 2018.

Bermejo, V.: *Cuentos para contar en 1 minuto y ½,* RBA Molino, Barcelona, 2001.

Boisset, É.: *Nicostrato,* Edelvives, Zaragoza, 2012.

«Caballos» [en línea], http://www.nationalgeographic.com.es/animales/caballos, consultado el 21 de marzo de 2018.

Calveiro, Marcos S.: *El cartero de Bagdad,* Edelvives, Zaragoza, 2007.

Darío, R.: «Mariposa», en Una sed de ilusiones infinitas. Antología (selecc. de L. Muñoz), Edelvives, Zaragoza, 2010.

Edmundo de Ory, C.: «Hipérbole del amoroso», en Música de lobo: antología poética (1941-2001), Galaxia Gutenberg, Barcelona, 2003.

Esopo: «La paloma y la hormiga», en Fábulas de Esopo, Editorial Juventud, Barcelona, 2004.

García Lorca, F.: «Es verdad», en Por tu amor me duele el aire. Obras I. Poesía I, Akal, Madrid, 2008.

Gómez Cerdá, A.: *El volcán del desierto,* Edelvives, Zaragoza, 2011.

Gómez Gil, R.: *Un chico diferente,* Edelvives, Zaragoza, 2013.

Hernández Chambers, D.: *El secreto de Enola,* Edelvives, Zaragoza, 2016.

«La lechera» [en línea], http://www.materialesdelengua.org/LITERATURA/TEXTOS_LITERARIOS/CUENTOS/contar/lechera.htm, consultado el 22 de marzo de 2018.

Moure, G.: *Los caballos de mi tío,* Anaya, Madrid, 2001.

Ruiz de Alarcón, J.: *Los favores del mundo,* Linkgua, Barcelona, 2007.

Samaniego, F. M. De: «El perro y el cocodrilo», en Fábulas en verso castellano para uso del Real Seminario Bascongado, Biblioteca Virtual Miguel de Cervantes, Alicante, 2000.

Torres, M.: «Jesús Teniente, el hombre del tiempo, nos concede una entrevista» [en línea], http://concursoescolar.hoy.es/2012/edicion2012/las-felices/23661-jesus-teniente-hombre-tiempo-nos-concede-una-entrevista.html, consultado el 22 de marzo de 2018.

Tercer trimestre

Andersen, H. Ch.: *El cuento de mi vida I,* Ediciones de la Torre, Madrid, 2005.

Ariza, L. M.: «Abracadabra, cerebro» [en línea], https://elpais.com/elpais/2017/05/11/eps/1494453922_149445.html, consultado el 22 de marzo de 2018.

García Domínguez, R.: *El diario solidario de Renata,* Edelvives, Zaragoza, 2001.

Gómez Cerdá, A.: *El volcán del desierto,* Edelvives, Zaragoza, 2003.

Jardiel Poncela, E.: *Eloísa está debajo de un almendro,* (ed. de M. J. Conde), Espasa Calpe, Madrid, 2006.

Lalana, F.: *El truco más difícil,* Edelvives, Zaragoza, 2003.

Nesquens, D.: *Los loros no saben nadar,* Anaya, Madrid, 2015.

Orr, W.: *La isla de Nim,* Edelvives, Zaragoza, 2013.

Pinto y Chinto.: *Minimalario,* Kalandraka Ediciones Andalucía, Sevilla, 2011.

Rivera, A.: «Una década rodando por Marte» [en línea], http://sociedad.elpais.com/sociedad/2014/01/23/actualidad/1390508725_273808.html, consultado el 22 de marzo de 2018.

Rodari, G.: *Juegos de fantasía,* Edelvives, Zaragoza, 2004.

Rodari, G.: *Veinte historias más una,* SM, Madrid, 2012.

Stevenson, R. L.: *a* Anaya, Madrid, 1989.

Townsend, S.: *El diario secreto de Adrian Mole,* Planeta, 2010. [Falta lugar de impresión]

Wells, H. G.: *La máquina del tiempo* (Adapt. de Emilio López y Joan Soriano), Sol 90, Barcelona, 2008.